La Cuisine à quat'sous

Claude Aubert

La Cuisine à quat'sous

Bien manger sans se ruiner

avec la collaboration de Annette Antier,
Anne Aubert, Anne-Marie Bouhêlier,
Michèle Fabre, Rosa et Domingos Ferreira,
Anne Hauser-du Crest, Sophie Jacmart,
Brigitte Lapouge-Déjean, Marie-Françoise Lavigne,
Andrée Le Gall, Mireille Lepoëtre, Solange et
Patrick Lussiez, Ute Mundt, Marie-Thérèse Petit,
Michelle Reignat, Yves et Betty Thonet,
Michèle Visomblain, Odile Vrignaud

TERRE VIVANTE

Terre Vivante remercie les lecteurs et lectrices des *Quatre Saisons du jardinage* qui ont collaboré à ce livre.

Le catalogue des ouvrages publiés par Terre Vivante est disponible sur simple demande chez l'éditeur :
Terre Vivante, BP 20, 38711 Mens cedex,
tél. 04 76 34 80 80.

Photos de couverture : Michel Barberousse
Conception, réalisation : Béatrice Gauge

ISBN : 2 904 082 63.8
ISSN : 0 764 549-X

Sommaire

Introduction

La cuisine à quat'sous, ce n'est pas, comme dans l'opéra du même nom, la cuisine des gueux. Ni celle des fauchés d'aujourd'hui qui ne connaissent plus guère que les patates et les conserves bas de gamme. C'est la cuisine des paysans, des gens du « peuple », de nos aïeux qui vivaient pauvrement. Pourtant – les périodes de disette mises à part – ils mangeaient à leur faim, des plats simples et rustiques, utilisant les ressources locales. Leur cuisine, si monotone en apparence, était bien plus élaborée et variée qu'on ne le pense. Et plus riche en saveurs. C'était la cuisine de nos campagnes jusqu'au début de ce siècle. Celle aussi des campagnes italiennes, turques, marocaines, russes, mexicaines ou chinoises.

Une cuisine dont on redécouvre aujourd'hui les trésors, qu'ils s'appellent pot-au-feu, soupe aux herbes, chou aux marrons ou potée. Ou encore, pour qui aime quitter l'hexagone, *pizzocheris,* morue à la portugaise ou *harira.*

Un moment éclipsés par le steak-frites-salade, voici donc que reviennent à l'honneur céréales, légumineuses et légumes, ingrédients de base de presque toutes les cuisines traditionnelles. Pour le plus grand bien de notre santé et de notre budget. Et – tout autant – pour notre plaisir et celui de découvrir de nouvelles saveurs. Car la mondialisation, si elle nous a apporté le fast-food, nous donne aussi la possibilité de préparer chez nous, et à peu de frais, les cuisines de tous les pays, proches ou lointains.

Première partie
Un bon repas avec trois fois rien

Les clefs d'une alimentation économique, saine et savoureuse

Ces aliments qui apportent beaucoup et coûtent peu

On pourrait penser que le prix des aliments est en rapport avec ce qu'ils nous apportent – côté nutritionnel ou côté plaisir. Et bien non ! Les aliments les plus bénéfiques pour notre santé sont souvent les moins chers. Par exemple les céréales, les légumineuses et bon nombre de fruits et légumes.

Soit, mais le plaisir ? Selon l'opinion la plus répandue, on le trouve principalement dans la viande, le poisson, les fromages, sans parler de caviar, de truffes ou de homard... Et bien non ! Le plaisir on le trouve aussi dans les aliments les plus humbles. « La gastronomie, disait Curnonsky, le prince des gastronomes, c'est quand les choses ont le goût de ce qu'elles sont ! » Est-ce à dire qu'une tranche de pain, même du meilleur, c'est de la gastronomie ? Oui, si elle est accompagnée de ce qu'il faut. De foie gras peut-être, mais aussi de choses beaucoup plus simples.

Je me souviens d'un buffet dans une *fattoria* non loin de Florence : du *pecorino* – fromage de brebis local – venu de la ferme voisine, du jambon cru de Toscane, des tranches de pain grillé frottées d'ail et arrosées de l'huile d'olive de la propriété fraîchement pressée ; le tout accompagné d'un vin rouge provenant, lui aussi, du domaine. C'était tout. Et c'était un régal. Le meilleur et le plus inattendu : l'incomparable saveur de cette huile d'olive nouvelle associée au pain aillé. Une merveille qui, en fait de gastronomie, surclassait largement les toasts des cocktails mondains. Mais n'essayez pas cette recette chez vous sans les ingrédients *ad hoc*. Avec un pain quelconque et l'huile d'olive du supermarché, fût-elle « vierge extra de première pression à froid », le résultat serait médiocre. Car le secret, c'est tout d'abord la qualité des ingrédients, ensuite seulement leur judicieuse combinaison.

Les aliments de haute qualité coûtent cher ? Pas toujours. Et même s'il est vrai qu'une excellente huile d'olive vaut deux fois plus cher qu'une huile quelconque, on en utilisera deux fois moins tant elle est parfumée. Avec l'avantage de réduire notre consommation de matières grasses, toujours excessive.

En tête du palmarès des aliments peu coûteux, riches en éléments nutritifs et aux potentialités culinaires inépuisables : les céréales. Non pas ce qui nous vient d'Amérique sous le nom de corn-flakes et autres flocons toastés et sucrés que vous propose l'industrie. Mais le blé, le riz, le seigle, le sarrasin, et aussi le maïs, l'avoine, l'orge, le millet, l'épeautre.

À tout seigneur tout honneur. Le blé est devenu, en Occident, le roi des céréales. Il a ravalé ses concurrents de jadis au rang d'aliments du bétail ou de curiosités pour touristes. Étonnant aliment, qui doit son succès à la variété de ses usages. Le blé, c'est bien sûr le pain et les innombrables préparations à base de farine : tartes, tourtes, pâtisseries. Mais ce sont aussi les pâtes, le couscous, le boulghour. Sous l'une ou l'autre de ces formes, il s'agit d'un aliment extraordinairement peu coûteux : 1 à 2 F pour une copieuse portion. Et beaucoup moins si l'on fait soi-même son pain, ses pâtes ou son boulghour. Non content de nous rassasier à bon compte, le blé nous apporte de l'énergie sous la forme la meilleure, celle des glucides lents, ainsi que des protéines, des minéraux, des vitamines, des fibres. Et que de plats délicieux il permet de préparer !

Le riz, grand rival du blé au niveau mondial, est presque aussi nutritif et se prête lui aussi à des préparations culinaires infiniment variées. Il est devenu un plat quotidien non seulement dans toute l'Asie, mais dans des pays aussi différents que le Sénégal, le Brésil, l'Italie du Nord ou l'Ukraine. Moins cher encore que les aliments dérivés du blé – moins de 1 F pour une assiette bien remplie – il présente un avantage de taille : un simple décorticage en usine, et il est prêt à cuire. On le mange aussi bien froid que chaud, en entrée, en plat principal ou en dessert.

Les autres céréales sont tout aussi intéressantes sur le plan nutritif. Elles coûtent un peu plus cher que le blé et le riz, mais restent parmi les aliments les plus économiques. Nous en verrons des exemples un peu plus loin dans la présentation de menus.

Compagnes habituelles des céréales, les légumineuses, ou légumes secs, leur disputent la première place quant au rapport qualité/prix. Leur prix au kilo est plus élevé, mais leur apport nutritionnel est supérieur, grâce à leur richesse en protéines, ces dernières venant compléter celles des céréales. Affublées du surnom peu enviable de « viande du pauvre », elles ont presque disparu de nos tables. Il serait plus judicieux de les nommer « viande du sage », car elles possèdent, à peu de choses près, les qualités de la viande sans en avoir les inconvénients. Comparer un plat de fayots à un bifteck, pourquoi pas ? J'ai en mémoire un ragoût de haricots rouges – avec certes un peu de viande, mais si peu – servi dans une auberge de campagne qui, à mon goût, valait le meilleur des plats de viande.

Haricots, lentilles, pois chiches, pois cassés : quatre légumineuses, pour chacune d'elles d'innombrables recettes qu'il faut redécouvrir. Quelques-unes ont gardé leur prestige, telles que le petit salé aux lentilles ou le cassoulet. Mais combien d'autres ont – bien à tort – sombré dans l'oubli. On voit toutefois réapparaître à la carte des restaurants des salades de lentilles ou de haricots, voire de pois chiches, et quelques autres recettes retrouvées.

Le moins cher de tous nos aliments – la pomme de terre – a bien entendu sa place dans une alimentation saine et économique. C'est pourtant à dessein que nous ne la citons qu'en troisième position. Car une portion de pomme de terre, capable de satisfaire un appétit moyen, c'est environ 300 grammes, trois fois plus qu'une portion de céréales. Ce tubercule renferme en effet 80 % d'eau, contre 16 % pour les céréales. Avec une autre différence majeure : alors que ces dernières contiennent en moyenne 12 % de protéines et les légumineuses 25 à 35 %, les pommes de terre se limitent à une teneur de 2 %. Pour un repas équilibré, le complément protéique, souvent coûteux, devra donc être beaucoup plus important. La pomme de terre reste malgré tout très bien placée dans le palmarès des aliments nutritifs et bon marché. Quant au côté gastronomique, faut-il rappeler que Joël Robuchon lui a consacré un livre entier?

Les légumes (diététiquement, la pomme de terre n'est pas un légume!) ont également un excellent rapport qualité/prix. À condition, évidemment, de ne pas vouloir manger des haricots verts frais au mois de janvier. Chou, oignon et carotte constituent le trio de base des légumes pas chers et particulièrement nourrissants. Le récent engouement pour le brocoli ne doit pas faire oublier le classique chou pommé, accusé à tort de dégager une odeur désagréable à la cuisson. De notre soupe au chou paysanne aux *chtis* russes, en passant par la *ribollita* toscane et la choucroute alsacienne, le chou a été de tous temps un des légumes les plus consommés. L'oignon, condiment indispensable, est aussi un légume à part entière, dont se sont nourris, parmi tant d'autres, les ouvriers qui ont construit les pyramides. La carotte n'est devenue un légume de base que beaucoup plus récemment. Elle a supplanté le panais, jadis très consommé, que l'on redécouvre aujourd'hui. Le navet ne mérite en rien sa mauvaise réputation. Excellent – cru ou cuit – et peu coûteux, il a sa place dans les soupes, les potées ou le pot-au-feu, mais aussi dans les assiettes de crudités, ou en accompagnement d'une viande. La betterave rouge, ingrédient de base du bortsch, est un des principaux légumes de la cuisine russe. On la trouve partout cuite, mais crue et finement râpée elle agrémente nos assiettes de crudités. N'oublions pas non plus, parmi les légumes peu coûteux, le poireau, aux multiples usages. Terminons le tour d'horizon des légumes économiques, compte tenu de leur valeur nutritive, par le potimarron ou potiron doux. Rares sont ceux qui, après l'avoir essayé, ne l'adoptent pas immédiatement, tant il est savoureux – rien à voir avec l'énorme citrouille qui nous est familière – et tant il se prête à des préparations culinaires variées.

« Quand les choses ont le goût de ce qu'elles sont »

Le Trièves, petite région de moyenne montagne au pied du Vercors, était jadis réputé pour ses pommes de terre. Production aujourd'hui abandonnée, car ruinée par la concurrence de l'agriculture industrielle des régions de plaine. On disait des pommes de terre du Trièves qu'« elles ont le beurre dedans », tant elles étaient bonnes et moelleuses, même préparées nature.

À défaut d'en trouver « qui ont le beurre dedans », on peut encore se procurer de bonnes pommes de terre. Bien sûr, elles sont beaucoup plus chères que les autres : 6 ou 8 F le kilo pour des Ratte ou des Rosabelle, contre 2 à 3 F pour de la Bintje de culture intensive. Mais considérons le prix de nos pommes de terre dans l'assiette et non plus chez l'épicier ou au supermarché. Des pommes de terre à 2 F, que peut-on en faire ? Certainement pas les manger simplement cuites à la vapeur ou à l'eau, à moins de se résigner à un bien médiocre repas. On pourra par exemple en faire des frites, ou encore une purée. Les frites seront correctes si l'huile est de bonne qualité. La purée aussi, si on y met suffisamment de lait et un bon morceau de beurre. Dans les deux cas, ce qu'on y aura ajouté pour les rendre acceptables au goût aura coûté bien plus cher que le tubercule lui-même, sans parler de tous les inconvénients des matières grasses ajoutées.

Nos bonnes pommes de terre, pas farineuses et ne se défaisant pas à la cuisson, nous pourrons les préparer de multiples manières, dont certaines très économiques. Par exemple, au diable, râpées, en salade ou tout bonnement cuites à l'eau. Il suffira d'y ajouter un peu de beurre ou d'huile d'olive. Résultat : un plat bien moins gras, plus savoureux et peu coûteux.

Ce qui est vrai des pommes de terre, ou de l'huile d'olive évoquée précédemment, l'est de très nombreux aliments. Quand ils sont savoureux par eux-mêmes, nul besoin d'y ajouter divers ingrédients pour pallier leur absence de goût. Cette qualité, ce goût des choses, base de toute gastronomie, où les trouver ? Dans une équation aussi fondamentale en art culinaire que le théorème de Pythagore en mathématiques.

Pour les produits végétaux, elle peut s'énoncer ainsi :

des aliments de qualité = une bonne variété + une bonne agriculture + des produits frais et de saison.

Pour les produits animaux, il suffit de remplacer « variété » par « race » et « agriculture » par « élevage ».

- Une bonne variété : c'est la condition de base. Pour les pommes de terre, l'importance de ce facteur est si évidente que chacun en a fait l'expérience. De même pour les fruits. Ces énormes fraises que l'on voit partout sont loin du parfum de certaines variétés à plus petits fruits, sans parler des merveilleuses fraises des bois. Pour les légumes, les différences peuvent être plus subtiles. Mais elles apparaissent nettement lorsqu'on cesse de masquer leur saveur par des assaisonnement. La difficulté est que, pour la plupart des fruits et légumes, le nom de la variété n'est pas indiqué.

• Une bonne agriculture donne des produits à la fois sains et savoureux, et ne pollue pas l'environnement. La meilleure, c'est incontestablement l'agriculture biologique, qui exclut tout usage d'engrais chimiques et de pesticides de synthèse, et qui fait passer la qualité avant le rendement. À défaut, on recherchera les produits d'une agriculture paysanne, diversifiée et familiale. Pour certains produits, le terroir est essentiel. Pour la vigne et le vin, évidemment, mais aussi pour les pommes de terre et la plupart des fruits. Enfin, on évitera les produits cultivés à contre-saison sous serre chauffée : ils n'ont jamais la saveur de ceux de pleine terre. Sans compter que, cultivés ainsi, ils sont excessivement riches en nitrates.

• Des produits frais : dans le jargon agroalimentaire, on oppose « frais » à « en conserve » ou « surgelé ». Pourtant, les légumes « frais » ne méritent pas toujours cette appellation. Gare aux salades que l'on ressort du frigo après quatre ou cinq jours. Elles n'ont plus guère de vitamines, et on n'en fera jamais une excellente salade, aussi bonne que soit la vinaigrette. Des produits fraîchement cueillis ? Pas si facile à trouver de nos jours. Ne nous fions pas trop à l'aspect. Une laitue peut sembler venir tout droit du champ et être cueillie depuis quatre jours ! Seule méthode infaillible pour manger des légumes réellement frais : cultiver son potager. À défaut, acheter sur les marchés, aux petits producteurs plutôt qu'aux revendeurs, ou à la ferme.

Redécouvrir l'intelligente gastronomie des pays pauvres

Parler de gastronomie à propos de pays où sévit la malnutrition ressemble à de la provocation. Et prétendre que l'on mange « bien » aujourd'hui dans ces pays serait indécent. Mais on y a en général « bien » mangé – en dehors des périodes de disette – jusqu'à ce que l'explosion démographique, l'urbanisation et la mondialisation des échanges bouleversent tout. « Bien », c'est-à-dire avec des apports nutritionnels satisfaisants et des préparations culinaires simples, mais le plus souvent savoureuses. Le plus surprenant est la variété de ces cuisines, préparées à partir d'un nombre d'ingrédients limité.

L'exemple des pâtes est peut-être le premier qui vienne à l'esprit. Les pâtes, certes, c'est l'Italie, un des pays les plus riches de la planète. Mais, jusqu'au début du XXe siècle, l'Italie – celle du Sud en tous cas – était un pays pauvre, le tiers monde de l'Europe en quelque sorte. On y mangeait alors des pâtes à presque tous les repas, et on le fait encore de nos jours dans la plupart des régions de la péninsule. De la farine, du sel et de l'eau. On ne peut imaginer mets plus simple. Et plus monotone, pourrait-on penser. Pas le moins du monde ! Il suffit d'ouvrir un livre de cuisine italienne pour se convaincre que l'on peut manger des pâtes presque tous les jours sans se lasser. À condition, bien sûr, d'apprendre à les cuire, ce qui est l'enfance de l'art, et de sortir des sempiternelles spaghettis bolognaise ou *carbonara.* La variété, elle est dans la forme des pâtes, mais plus encore dans les préparations culinaires et dans les ingrédients qui accompagnent le plat de pâtes. Des légumes, des condiments, des aromates, parfois un peu de lard, de poisson ou de viande. Secondaires pour les quantités consommées, ces ingrédients sont essentiels tant sur le plan gastronomique que nutritionnel. Ils détiennent la clé des saveurs, si riches et si variées, des cuisines traditionnelles.

Le rôle joué par les pâtes en Italie est – ou était – tenu par le pain en France, le riz en Asie, le maïs en Amérique latine, le mil en Afrique, le boulghour au Moyen-Orient, le sarrasin en Bretagne, l'avoine en Écosse...

Loin d'être ressenti comme une contrainte, le fait de manger le même aliment à presque tous les repas était perçu comme allant de soi. Aujourd'hui encore, qui songerait à faire un repas sans pain, à moins d'y être contraint par un régime, et bien que le rôle du pain dans notre alimentation soit devenu très secondaire ?

C'est autour de l'aliment de base, devenu symbole et synonyme de nourriture, que s'organise la richesse et la variété des repas. Variété des aliments protéiques, du haricot sec au bifteck, en passant par les œufs, le fromage, la volaille, le poisson ou le jambon. Variété, surtout, des légumes et des herbes cultivées ou sauvages. En sorte que, tout en conservant le même nom – pot-au-feu, soupe aux légumes, couscous ou paella –, le plat est chaque fois différent.

Les instructions que donnait Charlemagne, en l'an 812, aux régisseurs de ses biens, comprenaient une liste de soixante-quatorze bonnes herbes qui devaient être cultivées dans les jardins impériaux.

Sans doute l'empereur jouissait-il d'une cuisine plus raffinée que ses sujets, mais lorsqu'on se plonge dans les livres de cuisine ou de jardinage du siècle dernier, on est impressionné par le nombre de plantes sauvages ou cultivées qui y sont mentionnées. La récolte des plantes sauvages a pratiquement disparu aujourd'hui. Quant à nos potagers, ils n'ont cessé de s'appauvrir. Notre cuisine a suivi le même chemin, en dépit des apparences. Elle s'est certes enrichie de fruits, de légumes et de produits exotiques, mais qui utilise encore, de nos jours, la rue, le pourpier, le chénopode ou l'ortie ?

Que mettre au menu ?

La trilogie culinaire

On décline volontiers nos repas en trois séquences – entrée, plat principal, fromage ou dessert – si l'on parle menu. Et en trois constituants – glucides, protéines, lipides – si l'on parle diététique. La trilogie que nous proposons est autre : aliment énergétique, complément protéique, légumes. Elle découle de nos besoins physiologiques. Elle correspond également à une constante de l'alimentation humaine.

• *Aliment énergétique : réapprendre les céréales*

Depuis une dizaine de milliers d'années – c'est-à-dire depuis les débuts de l'agriculture – et jusqu'à une époque récente, les céréales ont été la principale source d'énergie alimentaire dans toutes les parties du monde. Avec quelques rares exceptions : par exemple, là où l'agriculture est impossible, en raison d'un climat trop froid (régions polaires) ou trop sec (régions désertiques). Partout ailleurs, le blé, le riz, le maïs, le mil, le sorgho, l'avoine, le sarrasin ont assuré environ les deux tiers, parfois davantage, des besoins énergétiques de l'homme. Le paysan français mangeait, au début du siècle, près d'un kilo de pain par jour, qui lui fournissait 2 000 kilocalories sur les 3 000 dont il avait besoin, compte tenu de son activité physique.

Les tubercules – pommes de terre en Europe, igname ou manioc sous les Tropiques – ne se sont en partie substituées aux céréales dans plusieurs régions du monde qu'à une époque relativement récente.

Nous ne reviendrons pas sur les avantages, déjà évoqués, des céréales. Mais en faire l'un des trois piliers de nos repas, qu'est-ce que cela signifie dans la pratique ? Certainement pas revenir au kilo de pain par jour de nos aïeux, ni opter pour le bol de riz quotidien des Chinois. Intégrer les céréales dans nos repas quotidiens est en réalité un moyen d'enrichir considérablement la variété de nos menus. Les plats proposés dans la suite de ce livre en fournissent de nombreux exemples, parmi bien d'autres. La céréale pourra être du pain, du riz, des pâtes, une tourte, du couscous, du boulghour, de la polenta, des galettes de sarrasin, etc.

• *Complément protéique : légumineuses, produits laitiers, œufs, poisson, viande*

Les protéines des céréales sont incomplètes, certains des acides aminés essentiels y étant présents en quantités insuffisantes. D'où la nécessité de les compléter par d'autres, qui peuvent être d'origine végétale ou animale. La plupart des ouvrages de diététique classique préconisent un partage équitable : moitié protéines végétales, moitié protéines animales. Règle totalement arbitraire, la proportion des protéines animales pouvant sans inconvénient descendre beaucoup plus bas.

Dans l'alimentation des pays industrialisés, les protéines animales (produits laitiers, œufs, viande, poisson) constituent plus de 80 % de l'apport total. Or, elles présentent de nombreux inconvénients :

– elles sont souvent accompagnées de substances indésirables, telles que graisses saturées et cholestérol ;

– elles favorisent certains cancers lorsqu'elles sont consommées en trop grandes quantités ;

– elles ne contiennent pas de fibres ;

– elles peuvent être contaminées par des bactéries pathogènes ;

– elles sont en général coûteuses.

Il n'est pas question, pour autant, de les exclure car elles aident à l'assimilation de leurs homologues végétales et participent aux plaisirs de la table. Il faut simplement les remettre à leur place, celle de compléments, et non pas d'aliment principal.

Bénéficier de la saveur et de l'apport nutritionnel des aliments d'origine animale, sans pâtir de leur inconvénients pour la santé et pour notre budget, c'est beaucoup plus facile qu'il ne paraît. Les traditions en apportent la preuve, le principe étant presque toujours le même : associer dans la même préparation céréales (ou pommes de terre) et viande ou poisson. Paella, pilaf, kébbé, pot-au-feu, riz cantonnais, couscous, goulash en sont quelques exemples. Servie, et parfois cuisinée, en même temps que la céréale, la viande communique sa saveur à l'ensemble du plat, même si les quantités présentes sont mesurées. Qui ne se trouve rassasié d'une pizza, plat complet dans lequel l'élément animal se limite à quelques anchois ou quelques morceaux de mozzarella ou de jambon ?

On peut aussi, bien entendu, préparer d'excellents plats végétariens.

Les protéines végétales complémentaires de celles des céréales sont principalement fournies par les légumineuses. Les menus du chapitre suivant illustrent quelque-unes des manières dont on peut les introduire dans notre alimentation quotidienne. Rappelons leurs avantages :

– une teneur en protéines égale à celle de la viande ;

– une grande richesse en fibres ;

– la présence de minéraux, de vitamines et de substances protectrices contre de nombreuses maladies ;

– l'absence presque totale de matières grasses ;

– un faible coût ;

– un intérêt écologique, les légumineuses étant les seules plantes pouvant utiliser l'azote de l'air.

Parmi elles, le soja tient une place à part. À la différence des autres, il ne fait pas partie de nos traditions alimentaires et on le consomme après transformation, sous forme de tofu, lait ou yaourt de soja, et de nombreux autres produits dérivés [1].

Champignons et légumes sont souvent oubliés parmi les sources de protéines végétales. Sauvages ou cultivés, les premiers sont de bons compléments des céréales. Quant aux légumes, leur richesse en pro-

1. Le soja germé n'est, botaniquement, pas du soja, mais une autre légumineuse, le haricot mung.

téines varie considérablement d'une espèce à l'autre. Elle est toujours très inférieure à celle des légumineuses, mais les quantités mangées lors d'un repas sont supérieures. Parmi les légumes les plus riches en protéines, citons l'épinard, le chou brocoli, le chou de Bruxelles, le petit pois, le haricot vert, la fève, le pissenlit.

• *Légumes : un ou deux, crus ou cuits*

Demeurés longtemps les parents pauvres de la cuisine française, les légumes sont enfin réhabilités. Tous les nutritionistes sont d'accord : sans eux, pas de repas équilibré. Mais quels légumes ? Le choix est vaste. On préférera ceux de saison provenant si possible de la région où l'on habite. Légumes-feuilles (salade, épinard, blette, chou), légumes-fruits (tomate, aubergine, poivron, courgette, potiron), légumes-racines (carotte, navet, betterave rouge) ou légumes-bulbes (oignon, fenouil), tous ont leur place. Ils peuvent constituer l'essentiel de l'entrée, le plus souvent crus, ou accompagner les céréales, les pommes de terre, la viande ou le poisson.

Riches en fibres, les légumes sont aussi d'importantes sources de vitamines. Vitamine A et ses précurseurs, les caroténoïdes, mais aussi vitamine C et E. On oublie trop souvent que plusieurs légumes, dont le chou, renferment autant ou davantage de vitamine C que les oranges. Les légumes sont également très riches en minéraux. Même si la réputation de l'épinard comme source de fer est surfaite, signalons que le persil et le navet contiennent davantage de calcium que le lait et le camembert. Quant à la blette, c'est un des aliments les plus riches en magnésium. Autre intérêt des légumes, peut-être le plus important de tous : leur richesse en substances protectrices contre le cancer.

Les compléments et les à-côtés

Le lecteur aura bien sûr remarqué l'absence, parmi nos trois « piliers », de deux importantes familles d'aliments : les fruits et les graisses. Pourquoi les ranger parmi les compléments, au côté des épices et des aromates?

• *Les fruits*

Que les fruits soient d'excellents aliments, cela ne fait aucun doute. S'ils n'ont pas été mentionnés jusqu'à présent, c'est pour deux raisons.

– Ils ne sont pas indispensables à l'équilibre du repas.

– Il est généralement préférable pour une bonne digestion de les manger en dehors des repas.

Ceci dit, il est vrai que la frontière entre légumes et fruits est assez floue. Botaniquement, de nombreux légumes sont des fruits : la tomate, l'aubergine, le poivron, la courgette, le potiron. Diététiquement, fruits et légumes apportent sensiblement les mêmes éléments. Culinairement, certains fruits sont utilisés comme légumes, par exemple en accompagnement d'une viande : voir le boudin aux pommes ou la dinde aux airelles.

Les fruits peuvent trouver leur place dans les menus de multiples manières. La plus usuelle – crus en fin de repas, comme dessert – étant souvent la moins bonne. Un fruit cuit, sous forme de compote, pommes au four, tarte, clafoutis, etc. sera presque toujours mieux digéré. Les fruits crus gardent tout leur intérêt hors des repas.

• *Les matières grasses*

Elles sont automatiquement présentes dans chaque repas, souvent cachées dans la viande, le poisson ou les produits laitiers. Et chacun sait qu'en cuisine elles sont incontournables. Le problème est plutôt d'en limiter l'usage, car nous en consommons beaucoup trop, et de bien les choisir. Réduire les quantités est bénéfique pour la santé et va dans le sens de l'économie. On pense généralement, à tort, que c'est au détriment de la gastronomie. Un minimum est certes nécessaire, mais, chacun peut le constater, une cuisine peu grasse peut être d'une saveur exquise. Trop grasse, elle devient au contraire indigeste et peu appétissante.

Quelques astuces permettent de cuisiner moins gras, par exemple :

– lorsque la matière grasse a un rôle essentiellement mécanique (empêcher les aliments d'attacher), graisser la poêle au pinceau ;

– choisir pour la salade et les crudités une huile d'excellente qualité (par exemple d'olive ou de noix) et en mettre peu : la salade n'en sera que meilleure ;

– dimininuer systématiquement les quantités de matières grasses indiquées dans les recettes. Cela ne nuira en rien à la saveur du plat. Et aussi choisir les « bonnes » matières grasses. Dans la pratique, on peut très souvent remplacer le beurre par de l'huile et faire une tout aussi bonne cuisine. Affirmation qui laissera sceptiques les Bretons et les Normands, et bien d'autres, mais il faut essayer.

• *Condiments, épices et aromates*

Ils interviennent peu dans le prix de revient du repas. Raison de plus pour ne pas lésiner sur leur qualité. Éviter, par exemple, persil ou basilic séchés, qui ont perdu l'essentiel de leur saveur. Et si vous n'avez que quelques mètres carrés de terrain, voire un simple balcon, faites-y pousser des plantes aromatiques. Elles ne vous coûteront pratiquement rien et leur fraîcheur sera garantie.

L'art de dépenser peu

De très bons produits très bon marché, vous n'en trouverez pas. Ou plutôt si, mais dans un seul endroit, votre jardin, ou dans votre cuisine si vous faites vous-même pain, pâtes, boulghour, yaourts, etc. Un kilo de pain « maison », très facile à faire et d'une saveur incomparable, en utilisant de la farine biologique, vous coûtera environ 5 F. Quant aux yaourts que vous ferez vous-même, ils vous reviendront avec du lait bio à 60 ou 70 centimes pièce.

Pour les produits que vous acheterez, il s'agit de bien choisir votre fournisseur.

• *Grande surface, épicier du coin ou magasin bio ?*

Question prix, le choix paraît évident. Les grandes sufaces semblent imbattables. Elles le sont en règle générale, mais les exceptions sont moins rares qu'on ne le pense. Céréales et légumineuses peuvent être moins chères dans une coop bio – tout en étant de meilleure qualité – que dans une grande surface. Elles y sont, en effet, généralement vendues en vrac, ce qui économise le coût du conditionnement. Pour les fruits et légumes, l'avantage est presque toujours au supermarché. Reste à comparer la qualité. Si les magnifiques épinards que vous venez d'acheter sont gorgés d'eau – ce qui n'est pas rare – il n'en restera plus grand-chose une fois cuits et des épinards plus chers mais moins acqueux seront finalement plus économiques. Il faut aussi savoir que la grande distribution est difficilement compatible avec le développement d'une économie locale et le maintien de la petite agriculture. Enfin souvenons-nous – si l'on n'est pas contraint, par un manque aigu de ressources, de rechercher le produit le moins cher – qu'en achetant dans les circuits bio, boutique ou coop, on est assuré d'avoir des produits sains et on contribue ainsi au développement d'une agriculture non polluante.

• *Le circuit court*

L'achat direct au producteur, à la ferme ou sur les marchés, se développe à nouveau après avoir quasiment disparu. Il peut se faire à l'échelle individuelle ou dans le cadre d'un groupement de consommateurs. Les achats groupés au producteur sont particulièrement intéressants, lorsqu'on dispose d'une capacité de stockage suffisante, pour des produits de longue conservation tels que pommes de terre, pommes, légumes-racines, céréales, légumineuses, miel, vin, confitures, fromages affinés, etc. Les avantages sont multiples : prix moins élevés, qualité, garantie de l'origine, contact humain avec le producteur, etc.

Une formule orginale, tant sur le plan économique que social, est celle des jardiniers collectifs du type « Jardins de Cocagne ». Un certain nombre de familles forment une association, louent un terrain et embauchent un jardinier qui leur fournit chaque semaine, pour un prix très raisonnable, un panier de légumes. Cela suppose, bien entendu, une certaine implication des familles-membres, et aussi l'envie d'adapter sa cuisine aux légumes disponibles dans le jardin. Mais c'est un moyen unique pour rencontrer d'autres personnes partageant les mêmes idées, et pour participer à une économie d'un nouveau type.

• *Quelques astuces pour réduire ses dépenses*

– Éplucher le moins possible

Pour un certain nombre de légumes, l'épluchage est du gaspillage pur et simple : on perd à la fois du temps, de l'argent, et des vitamines. Seul avantage, on élimine du même coup une partie d'éventuels résidus de pesticides. Raison de plus pour acheter bio !

Éplucher ou ne pas éplucher ?

Légume	**Épluchage**
Betterave rouge	facultatif
Carotte	inutile (un brossage suffit)
Céleri-rave	nécessaire
Concombre	facultatif (inutile si petit)
Courgette	inutile
Navet	inutile
Pomme de terre	facultatif(inutile avec cuisson au diable ou sous la cendre)
Potiron	facultatif (selon la dureté de la peau)
Radis	inutile (sauf radis noir)
Salsifis	nécessaire
Topinambour	facultatif

– Ne pas jeter le meilleur

Feuilles externes du chou, tronc de brocoli, fanes de radis, de navets et de betteraves rouges, vert des poireaux, tout cela va à la poubelle, la vôtre ou celle du maraîcher qui a produit les légumes. Dommage, car c'est souvent le meilleur. Faites l'essai, par exemple avec des brocolis : coupez le tronc (la partie la plus ligneuse exceptée) en fines lamelles et mettez-les à cuire – à l'eau, à la vapeur ou à l'étouffée – avec le reste. Vous vous en régalerez, et le fait qu'elles restent un peu croquantes n'enlèvera rien au plaisir, au contraire. Soulignons, à ce propos, un autre gaspillage de temps, d'argent et de vitamines : la cuisson habituellement beaucoup trop longue des légumes. La plupart d'entre eux devraient, comme les pâtes, rester *al dente,* délicieusement croquants, avec leur couleur intacte.

Découvrez aussi les fanes de navets de votre jardin. On les vend couramment sur les marchés en Italie et elles font d'excellents « épinards », exceptionnellement riches en calcium. Et si vous cultivez des betteraves rouges, cuisez les feuilles et servez-les comme légumes à vos invités, sans rien leur dire. Parions qu'ils vous feront des compliments sur vos épinards ! Vous ne ferez d'ailleurs que retrouver des habitudes ancestrales. Les feuilles externes des choux vous paraissents dures ? Enlevez la nervure centrale, coupez-les en très fines lanières et braisez-les à petit feu dans une poêle légèrement graissée, sans eau. Vous vous en régalerez sauf, évidemment, si les choux ont été cultivés à grand renfort d'engrais et de pesticides.

– Du bon usage des restes

C'est devenu un lieu commun : alors que jadis jeter du pain était chose impensable, aujourd'hui, les poubelles sont pleines de pain rassis. Commençons par acheter du pain au levain, qui ne rassit que lentement et reste excellent pendant plusieurs jours, voire une semaine. Et découvrons les multiples recettes traditionnelles à base de pain rassis (vous en trouverez quelques-unes dans ce livre). Mais attention : elles ne seront bonnes qu'avec du bon pain ! Les restes de céréales et de légumineuses se conservent au moins deux ou trois jours au réfrigérateur, et on peut varier à l'infini les manières de les préparer. Les légumes, eux, supportent beaucoup plus mal d'être conservés et réchauffés. L'idéal est de ne préparer que la quantité pour le repas et, à la rigueur, pour le lendemain.

Le hit-parade des aliments économiques

Un repas équilibré = une portion de chacune des trois catégories d'aliments.

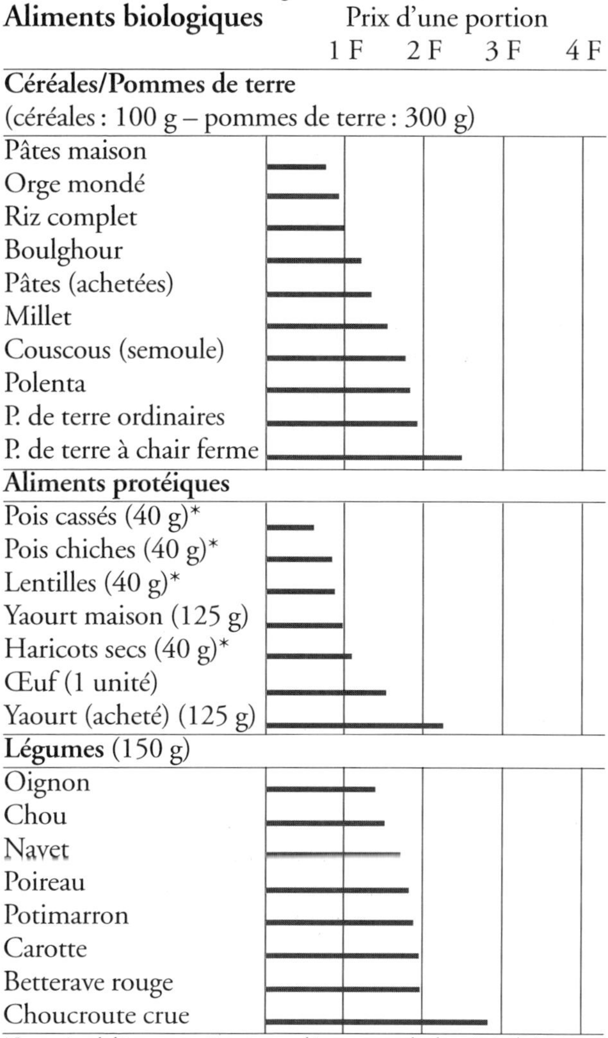

* La portion de légumes secs étant un complément, et non le plat principal, 40 g par personne, soit 120 g après trempage et cuisson, suffisent amplement.

Le hit-parade des aliments économiques

Un repas équilibré = une portion de chacune des trois catégories d'aliments.

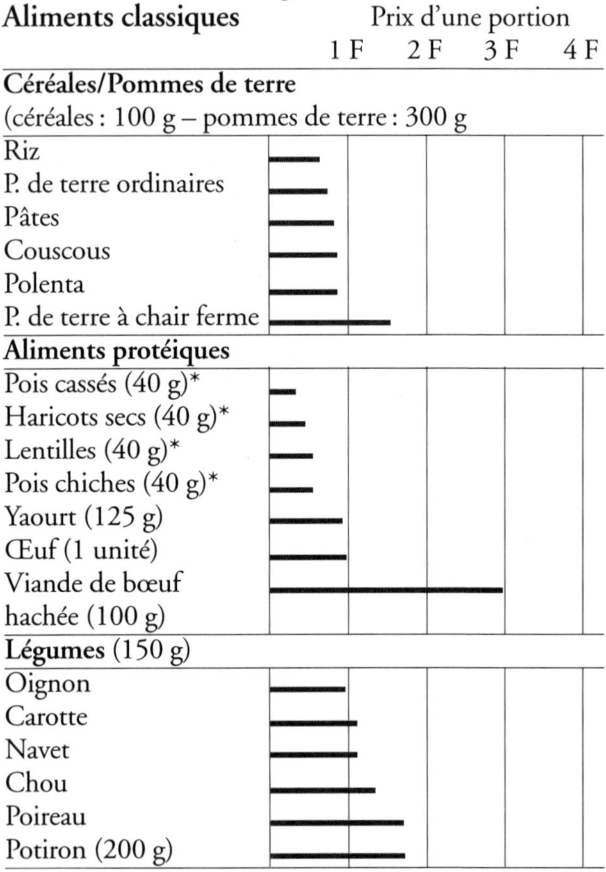

* La portion de légumes secs étant un complément, et non le plat principal, 40 g par personne, soit 120 g après trempage et cuisson, suffisent amplement.

III. Vingt exemples de menus

Les vingt menus donnés dans ce chapitre respectent pour la plupart les traditions du repas « à la française », avec entrée, plat de résistance et dessert. Non pas que nous en fassions un modèle intangible. Le plat unique – retour à une très ancienne et universelle tradition – remplace en effet de plus en plus les deux premiers plats du menu classique. Quant au dessert, c'est un plaisir, certes, mais on n'en éprouve d'autant moins le besoin que les plats qui le précèdent auront comblé notre appétit et satisfait nos papilles.

Ceci pour dire que, dans bien des cas, un des trois plats des menus proposés pourra être supprimé sans inconvénient.

Ces menus ne sont que des exemples, choisis parmi les multiples combinaisons possibles entre les recettes figurant dans ce livre, et bien d'autres.

Nous proposons dans les pages qui suivent des menus particulièrement économiques, suivis de quelques autres légèrement plus coûteux.

Nous les avons signalés de la manière suivante :

Repas très économiques : 

(Prix de revient d'environ 10 F avec des produits conventionnels et 12 à 13 F avec des produits biologiques)

Repas un peu moins économiques : 

(Prix de revient d'environ 15 F avec des produits conventionnels et 16 à 17 F avec des produits biologiques).

Menu I

Tomates farcies au fromage de chèvre, p. 59
Spaghettis, aglio, olio, peperoncino, p. 76
Crumble aux mûres, p. 131

Saison : été, automne

Menu assez cosmopolite, puisque l'entrée est plutôt d'inspiration russe, le plat principal typiquement italien et le dessert d'origine anglaise.

Menu particulèrement économique : aux environs de 8 F par personne si on cueille les mûres dans la nature, 2 ou 3 F de plus si on les achète.

Menu II

Soupe d'orties, p. 48
Polenta à la sauce tomate, p. 90
Galette aux pommes, p. 129

Saison : printemps, été, automne

L'ortie est la reine des légumes sauvages. À découvrir absolument, d'autant qu'on la trouve partout, et qu'elle ne coûte rien. Délicieuse et facile à préparer, la polenta n'a qu'un inconvénient : il ne faut pas s'éloigner pendant sa cuisson, car il faut remuer très souvent. À moins, lors d'un voyage en Italie, d'acheter un de ces récipients en cuivre munis d'un mélangeur électrique spécialement conçus pour la cuisson de la polenta. Un ustensile utile, décoratif et relativement peu coûteux.

Menu III

Salade de betteraves rouges aux pommes, p. 58
Pâtes à l'amatriciana, p. 102
Compote de pommes à la châtaigne, p. 124

Saison : toute l'année

Une entrée qui pourrait être russe, un plat principal, à base de p,tes, typiquement romain, un dessert des Cévennes. Avec des ingrédients bien de chez nous. Un repas pour toutes les saisons, à la portée du cuisinier le moins expérimenté.

Menu IV

Sopa de ajo, p. 53
Pizzoccheris, p. 95
Castagnaccio, p. 136

Saison : automne, hiver, début de printemps

La soupe à l'ail est une merveille en hiver. Celle-ci (*sopa de ajo*) est espagnole. En France, on la fait traditionnellement sans tomates. Les *pizzoccheris* sont de curieuses boulettes de sarrasin accompagnées de légumes que l'on mangeait dans le sud de l'Italie vers la fin de l'hiver, lorsque les légumes du potager commenàaient à se raréfier. Le castagnaccio est une recette traditionnelle de Toscane, où la châtaigne était jadis un aliment de base.

Menu V

Salade normande, p. 61
Croquettes aux poireaux, p. 67
Crème aux pêches, p. 129

Saison : été, automne, hiver

Un repas à base de fruits et de légumes, sans céréales. Le plat principal permet d'utiliser un reste de purée. Le tout est à la fois léger et nourrissant.

Menu VI

Duo de fleurs de chou, p. 58
Supplis (boulettes de riz à la sauce tomate), p. 96
Tarte au sureau et au fromage blanc, p. 137

Saison : été, automne

Typiques de la cuisine romaine, les supplis permettent d'utiliser astucieusement un reste de riz cuit. Pour la tarte, les baies de sureau peuvent être remplacées par d'autres baies sauvages ou cultivées (myrtilles, mûres, framboises, etc.).

Menu VII

Gaspacho, p. 50
Pissaladière, p. 101
Mousse à l'orange, p. 125

Saison : été, automne

Un repas d'inspiration méridionale. Idéal pour les chaudes journées d'été. Il peut se préparer à l'avance et se manger froid, y compris l'omelette.

Menu VIII

Tzaziki, p. 55
Gratin d'été, p. 66
Crumble aux fruits de l'été, p. 128

Saison : été, automne

Ce repas léger convient lui aussi parfaitement tout l'été. Ses variantes sont innombrables en fonction des légumes et des fruits disponibles. L'apport calorique est particulièrement faible.

Menu IX

Salade de pois chiches, p. 57
Taboulé libanais, p. 92
Gâteau de Java, p. 123

Saison : toute l'année

Le véritable taboulé, tel qu'on le prépare au Liban se fait avec du boulghour (et non du couscous), de la menthe et beaucoup de persil. Dans ce menu il devient le plat principal. La salade de pois chiches rappellera aux connaisseurs de la cuisine libanaise qu'un plat traditionnel de ce pays, le safsouf, associe boulghour et pois chiches.

Menu X

Minestra à l'orge et aux haricots, p. 79
Salade aux pignons, p. 60
Tarte renversée aux poires caramélisées, p. 136

Saison : automne, hiver

L'orge mondé est une céréale à découvrir. On le mangeait jadis volontiers en soupe, souvent associé à une légumineuse, ici le haricot. Les pignons coûtent cher mais il en suffit de très peu pour donner à la salade une saveur inattendue.

Menu XI

Soupe quercynoise et son farci, p. 76
Légumes à la grecque, p. 63
Pommes surprises, p. 132

Saison : toute l'année

La soupe quercynoise est un plat complet particulièrement original, et un repas à lui tout seul. La salade et le dessert sont des compléments facultatifs.

Menu XII

Ribollita, p. 84
Babka aux pommes, p. 133

Saison : automne, hiver

Pain rassis, haricot et chou sont les trois ingrédients de cette soupe, plat complet particulièrement économique et nourrissant. Parfait pour manger l'hiver au coin du feu. La babka est un dessert ukrainien qui associe pommes, œuf, crème et cannelle.

Menu XIII

Salade d'avocat mexicaine, p. 55
Chili con carne, p. 104
Compote à la rhubarbe et aux croûtons, p. 128

Saison : été, automne

Un repas mexicain, mis à part le dessert. Le prix du repas dépendra essentiellement de la proportion haricot/viande dans le chili. Si elle est en faveur des haricots, comme chez les paysans mexicains, le repas restera très économique.

Menu XIV

Salade de lentilles, p. 57
Potée auvergnate, p. 105
Pontard, p. 127

Saison : automne, hiver

Repas typiquement auvergnat, avec deux des aliments de base de cette région : les lentilles et le chou. Il faut toutefois un solide appétit pour venir à bout de tout le menu. Dans le cas contraire, deux des trois plats suffiront.

Menu XV

Aubergines au yaourt, p. 71
Köfte (boulettes de viande au riz), p. 109
Crème de kiwis et bananes, p. 126

Saison : été, automne

Le dessert mis à part, ce repas est turc. Pour le köfte, boulettes de viande hachée, de riz et d'oignons, la proportion viande/riz pourra varier selon les goûts de chacun. C'est elle qui déterminera le prix du repas.

Menu XVI (F) (F)

Harira de Zohra, p. 102
Compote de baies de sureau, p. 123

Saison : toute l'année

La *harira,* soupe marocaine, sert traditionnellement à rompre le jeûne du Ramadan. Il en existe de très nombreuses variantes. Après ce plat consistant un dessert léger s'impose.

Menu XVII (F) (F)

Bolo con sardinhas, p. 106
Caldo verde, p. 53
Gâteau aux fruits de saison, p. 126

Saison : toute l'année

Un repas portugais original, idéal pour recevoir des amis en sortant des sentiers battus. La sardine fraîche est un excellent poisson, peu coûteux et injustement méconnu.

Menu XVIII (F) (F)

Tourin (soupe à l'oignon bordelaise), p. 45
Morue à la portugaise, p. 113
Pudding aux figues, p. 135

Saison : toute l'année

Le tourin est une des nombreuses variantes de la soupe à l'oignon, un des plats de base de la cuisine française traditionnelle. La morue, ingrédient incontournable de la cuisine portugaise, est ici comme souvent associée aux pommes de terre.

Menu XIX (F) (F)

Soupe verte, p. 50
Inzimino (morue aux légumes), p. 115
Pie aux pommes et aux raisins secs, p. 134

Saison : toute l'année

La soupe verte peut se faire aussi bien avec des légumes cultivés (épinard, blette, fanes de navet, feuilles de betterave, laitue ou autre salade), qu'avec des légumes sauvages (ortie, mauve, plantain, chénopode, mouron, etc.). L'*inzimino* est une des innombrables manières – italienne celle-ci – de préparer la morue.

Menu XX

Potage au concombre, p. 49
Cabillaud au fenouil, p. 117
Pudding de grand-mère, p. 134

Saison : été, automne

On oublie souvent que le concombre peut se manger autrement qu'en salade. On le trouve ici dans un potage venu d'Allemagne. Le cabillaud est un des poissons les moins chers. Bien cuisiné il est excellent. Le pudding achève, par un dessert consistant, ce repas léger. Il permet d'utiliser agréablement le pain rassis.

Deuxième partie
120 recettes économiques

Les recettes qui suivent ont été choisies parmi celles proposées par les coauteurs mentionnés au début du livre. On y trouvera quelques grandes classiques qui ne pouvaient être absentes d'un tel livre, même si elles sont bien connues de bon nombre de lecteurs et de lectrices. Mais la majorité sont des recettes peu connues, souvent issues de très anciennes traditions culinaires, et qui avaient injustement sombré dans l'oubli. La plupart d'entres elles admettent de nombreuses variantes, en fonction des denrées disponibles et de la créativité de chacun.

Dans chaque chapitre, nous avons commencé par les recettes les moins coûteuses et terminé par celles qui, bien que restant économiques, le sont un peu moins que les premières.

Sauf mention contraire, les quantités sont données pour quatre personnes.

Cuissons et préparations de base

Cuisson des céréales

En règle générale (sauf évidemment pour les soupes) la proportion céréale/eau est l'élément clé de la réussite de la cuisson. Pour la plupart des céréales, il faut ajouter 2 volumes d'eau pour 1 volume de céréales. À la fin de la cuisson, la céréale doit être tendre et l'eau absorbée. Pour le boulghour 1,5 volume d'eau pour 1volume de boulghour suffit.

Pour le riz, l'orge, l'épeautre

Mettre la céréale dans l'eau froide salée ; dès que cette dernière bout, laisser cuire à petit feu avec un couvercle.

Pour la polenta, le boulghour, le millet, le sarrasin

Jeter la céréale dans l'eau bouillante salée, puis laisser cuire à petit feu, comme précédemment. Pour la polenta, remuer très souvent pendant la cuisson.

Pour les pâtes

Jeter les pâtes dans beaucoup d'eau bouillante salée ; ne pas couvrir. Ne jamais dépasser le temps de cuisson indiqué sur le paquet. Goûter les pâtes en fin de cuisson : elles doivent être *al dente.* Éviter de laisser refroidir les pâtes : les cuire au dernier moment et les servir aussitôt.

Cuisson des légumineuses (haricots secs, pois chiches, pois cassés, lentilles, fèves)

La saveur et la digestibilité des légumineuses dépendent largement de leur cuisson.

– Mettre à tremper la veille les haricots et les pois chiches ; jeter l'eau de trempage.

Pour les lentilles et les pois cassés, le trempage est inutile.

– Si on a une eau très calcaire, utiliser de l'eau en bouteille.

– Ajouter environ 3 volumes díeau pour 1 volume de légumineuses.

– Mettre les légumineuses à cuire dans de l'eau froide ou tiède non salée.

– Cuire à petit feu

– Saler en fin de cuisson

– Si on doit rajouter de l'eau pendant la cuisson, elle doit être bouillante

Cuisson des légumes

Les techniques de cuisson sont nombreuses et les temps de cuisson très variables d'un légume à l'autre. Une seule règle : cuire aussi brièvement que possible, pour que les légumes conservent au maximum leur saveur, leur couleur et leurs vitamines.

Soupes

Tourin

Préparation : 15 minutes
Cuisson : 25 minutes

Ingrédients :
3 oignons
1 c. à soupe d'huile ou de graisse végétale
1 c. à soupe de farine bise ou complète
2 c. à soupe de vinaigre
Herbes (laurier, sauge...)
1,5 l eau ou bouillon de légumes
1 œuf (facultatif)

Émincer les oignons et les faire dorer dans la graisse. Ajouter la farine en remuant puis l'eau. Continuer à mélanger et verser le vinaigre et le sel. Laisser mijoter 15 minutes. Servir ou verser la soupe dans une soupière où l'on aura battu l'œuf.

Soupe aux lentilles

Préparation : 10 minutes
Cuisson : 45 minutes

Ingrédients :
200 g de lentilles

1/2 oignon
1 gousse d'ail
1 carotte
2 tomates
Céleri
Persil
Sel, poivre

Mettre les lentilles à cuire dans deux litres d'eau environ. Couper finement l'oignon, la carotte, le céleri, l'ail et le persil et les faire revenir dans une poêle huilée pendant 5 minutes. Ajouter les tomates pelées et coupées en morceaux, le sel, le poivre, un peu d'eau de cuisson des lentilles et laisser mijoter 5 à 10 minutes. Ensuite, verser le tout dans les lentilles et faire cuire pendant au moins une demi-heure. Servir avec des croûtons.

Soupe de pain perdu

Cette recette est très rapide et permet d'utiliser les restes de pain et de bouillon. Elle est typique de la Toscane.
Préparation : 10 minutes
Cuisson : 10 minutes

Ingrédients :
Pain sec
3 œufs
3 c. à soupe de parmesan
1 litre de bouillon
Sel, poivre

Émietter le pain sec de manière à obtenir une sorte de chapelure assez fine. Faire chauffer le bouillon. Y verser la chapelure obtenue tout en tournant avec une spatule en bois. Ajouter un peu de sel et de poivre si nécessaire. Dans un bol, battre les œufs avec le parmesan. Retirer le bouillon du feu et y verser peu à peu les œufs mélangés au fromage, en remuant constamment. Servir chaud.

Soupe mexicaine au maïs

Préparation : 10 minutes
Cuisson : 40 minutes

Ingrédients :
1 bol de maïs
3 tomates
1 oignon
1 gousse d'ail
20 g de beurre
1/2 tasse de crème fraîche
1 tasse de bouillon
Estragon, persil
Sel

Mixer la moitié du maïs et le mettre dans un bol à part. Couper l'ail très finement et l'écraser avec une pincée de sel. Faire fondre le beurre dans une poêle et ajouter l'oignon émincé et l'ail. Laisser cuire quelques minutes en surveillant que l'oignon ne brunisse pas. Ajouter les tomates coupées en petits morceaux et faire cuire à feu doux une dizaine de minutes.
Pendant ce temps, faire chauffer une casserole avec un litre d'eau salée. Quand elle bout, ajouter le mélange de la poêle ainsi que le bouillon, le maïs en grains et en purée, une pincée d'estragon. Couvrir et laisser cuire à petit feu 25 à 30 minutes. Ajouter la crème fraîche en fin de cuisson. Au moment de servir, décorer les bols avec du persil.

Soupe aux orties

Préparation : 10 minutes
Cuisson : 30 minutes

Ingrédients :
300 g de pommes de terre farineuses
2 gros oignons
Quelques poignées de feuilles d'orties
Croûtons grillés
Laurier
Sel

Couper les pommes de terre en gros dés et les oignons en rondelles. Ajouter un demi-litre d'eau, une feuille de laurier et une pincée de sel. Laisser cuire 15 à 20 minutes. Ajouter les orties et cuire encore à feu doux pendant 10 minutes. Passer le tout au moulin à légumes, compléter avec de l'eau chaude pour obtenir environ un litre de soupe. Saler et remettre sur le feu 5 minutes. Servir avec des croûtons.

Soupe à l'oignon de Paris

Cette soupe était servie traditionnellement à Paris, mais l'oignon poussant partout en France, même le plus pauvre pouvait se l'offrir.
Préparation : 10 minutes
Cuisson : 40 minutes

Ingrédients :
400 g d'oignons
25 g de farine
80 g de gruyère
12 tranches fines de pain rassis
1 c. à soupe d'huile d'olive
Sel, poivre

Émincer les oignons et les faire revenir avec un peu d'huile dans une cocotte. Quand ils deviennent blonds, incorporer la farine que l'on laisse aussi blondir. Ajouter ensuite un litre d'eau, le sel, le poivre et laisser mijoter pendant 30 minutes.
Faire dessécher le pain au four doux en laissant la porte entrouverte. Dans un plat graissé, ranger les tranches de pain et une partie du gruyère en couches superposées. Verser dessus le potage, saupoudrer du reste de gruyère râpé et faire gratiner 5 à 10 minutes. Servir bouillant.

Potage au concombre

Cette soupe est d'origine allemande.
Préparation : 10 minutes
Cuisson : 20 minutes

Ingrédients :
800 g de pommes de terre
1 concombre
1/2 l de lait
1 petit oignon
Un peu de crème fraîche
Aneth
Sel, poivre

Éplucher les pommes de terre et les couper en dés. Les cuire dans un litre d'eau salée pendant 10 minutes environ. Les passer au moulin à légumes et les remettre à mijoter 5 à 10 minutes avec le concombre coupé en dés, l'oignon émincé, un peu de poivre, le lait et l'eau de cuisson des pommes de terre. Servir lorsque le concombre est devenu tendre. Mélanger avec un peu de crème fraîche et saupoudrer d'aneth.

Gaspacho

Cete soupe venue d'Andalousie est fort ancienne. Son nom viendrait de l'arabe et signifierait pain trempé.
Préparation : 10 minutes
Laisser reposer 3 heures au frais

Ingrédients :
2 bols de pain rassis émietté
5 tomates
1 concombre
1 poivron vert épépiné
1 gousse d'ail
4 c. à soupe de vinaigre
4 c. à soupe d'huile d'olive
Sel

Mixer tous les ingrédients ensemble. Si la soupe est trop épaisse, ajouter un peu d'eau. Mettre dans une soupière au réfrigérateur pendant 3 heures. Servir frais.

Variante : on peut ajouter au choix des rondelles d'oignons, du bouillon de veau, de la farine de maïs et de la crème, ou encore un peu de basilic.

Soupe verte

Préparation : 15 minutes
Cuisson : 35 minutes

Ingrédients :
Blettes
Épinards
1 laitue
3 pommes de terre
1/2 chou brocoli (ou autre)

1 carotte
1/2 oignon
Céleri
Persil
Basilic ou estragon
Beurre
Sel

Laver les blettes, les épinards, la laitue et le chou, enlever les parties les plus dures et les couper en morceaux. Faire chauffer un ou deux litres d'eau salée (en fonction de la quantité de légumes disponible) et y jeter les légumes verts et les pommes de terre épluchées et coupées en quatre. Pendant ce temps, faire revenir pendant 5 minutes l'oignon, la carotte, le persil, le basilic et le céleri dans une poêle huilée. Verser le tout dans la casserole avec les autres légumes, couvrir et laisser cuire à petit feu pendant une demi-heure. En fin de cuisson, ajouter un peu de beurre et vérifier que la soupe est suffisamment salée. Passer la soupe au moulin à légumes et servir.
Pour éviter que la soupe soit trop liquide, il est conseillé de ne pas mettre trop d'eau au départ mais plutôt de l'ajouter en cours de cuisson si nécessaire. Si la soupe est trop liquide, on peut ajouter quelques pommes de terre pour l'épaissir.

Soupe de potimarron

Préparation : 15 minutes
Cuisson : 30 minutes

Ingrédients :
1 kg de potimarron
2 pommes de terre

20 g de beurre
Parmesan ou gruyère
Sel

Éplucher et couper le potimarron et les pommes de terre en morceaux grossiers. Les jeter dans de l'eau chaude salée, couvrir et laisser cuire pendant une demi-heure environ. En fin de cuisson, ajouter le beurre et passer le tout au mixeur. Servir avec des croûtons et du parmesan (ou du gruyère) râpé.

Variante : on peut ajouter du bouillon de viande pour donner plus de goût.

Soupe de fèves

Préparation : 10 minutes
Cuisson : 55 minutes

Ingrédients :
400 g de fèves fraîches
1 oignon
2 gousses d'ail
1 citron
1 c. à soupe de persil haché
1 c. à soupe d'huile d'olive
Paprika
Sel, poivre

Faire cuire les fèves pendant 5 minutes dans de l'eau bouillante. Les rafraîchir sous l'eau froide et les éplucher. Dans une casserole, faire revenir l'ail et l'oignon finement hachés dans l'huile. Ajouter une demi-cuillère à café de paprika, un peu de poivre, un litre et demi d'eau chaude et les fèves. Cuire 50 minutes à feu doux. Passer la soupe au moulin à légumes. Saler et parfumer avec le jus de citron et le persil. Servir chaud.

Sopa de ajo

Il s'agit d'une soupe à l'ail espagnole.
Préparation : 10 minutes
Cuisson : 30 minutes

Ingrédients :
6 grosses gousses d'ail
2 ou 3 tomates
Un peu de pain complet rassis
50 g de fromage
Huile d'olive
Sauge
Thym ou romarin
Sel

Faire dorer dans une casserole l'ail pilé dans deux cuillères à soupe d'huile d'olive. Ajouter le pain en miettes, les herbes, les tomates coupées en morceaux et un litre et demi d'eau. Laisser cuire une petite demi-heure. Râper le fromage dans chaque bol, ajouter un peu d'huile d'olive et une pincée de sel. Servir la soupe.

Variante : on peut remplacer une partie de l'eau par du lait.

Caldo verde

Cette soupe se mange traditionnellement au Portugal en accompagnement du Bolo con sardinhas, *sorte de petit pain fourré aux sardines que l'on sert volontiers dans les cafés le samedi en fin de journée.*

Préparation : 20 minutes
Cuisson : 30 minutes

Ingrédients :
4 pommes de terre
4 belles feuilles de chou cavalier (ou à défaut de chou frisé ou de chou pommé)
2 c. à soupe d'huile d'olive
Jambon ou lardons (facultatif)
Sel

Cuire les pommes de terre et en faire une purée. Enlever la côte centrale des feuilles de chou, puis couper ces dernières en très fines lamelles (plus fines que pour la choucroute). Les mettre dans une passoire et faire couler dessus de l'eau très chaude. Mettre dans une marmite la purée, le chou, l'huile d'olive, le sel, le jambon ou les lardons et de l'eau (il s'agit d'une soupe). Cuire 10 minutes et servir dans des bols.

Entrées et salades

Tzaziki

Recette très populaire en Turquie et en Grèce.
Préparation : 10 minutes

Ingrédients :
4 yaourts
2 concombres
4 gousses d'ail
Huile d'olive
Persil
Sel

Éplucher les concombres et les couper finement (ou les râper). Mélanger avec les yaourt, l'ail haché et une pincée de sel. Si le yaourt est trop épais, ajouter un peu d'eau. Verser dans un petit saladier, décorer avec le persil et un filet d'huile d'olive.

Salade d'avocat mexicaine

Préparation : 10 minutes

Ingrédients :
Quelques belles feuilles de laitue
1 concombre
2 oignons verts

1 tomate
1 avocat
Persil
Huile d'olive
Jus de citron
Sel

Éplucher et couper le concombre en petits cubes. Hacher finement les oignons verts et le persil, et mixer le tout. Ajouter alors la tomate pelée et l'avocat coupé en petits morceaux puis mixer à nouveau. Dans un bol, mélanger une cuillère à soupe d'huile d'olive, une cuillère à soupe de jus de citron, une pincée de sel. Verser la sauce sur la préparation et donner un dernier coup de mixeur. Disposer les feuilles de laitues dans un plat. Verser sur chacune d'elles le mélange et servir.

Bruschetta

Ingrédients :
Pain
Ail
Huile d'olive
Sel
Garnitures :
Tomates fraîches (ou sauce tomate) et basilic
Purée d'olives
Crème d'artichaut
Champignons
Pâté
Anchois, etc.

La bruschetta est une entrée typiquement italienne, et plus précisément romaine, très simple et très facile à préparer. Il s'agit en fait d'une tranche de pain grillée sur laquelle on frotte une gousse d'ail, on ajoute un peu d'huile d'olive, un peu de sel et on la mange. Mais on peut bien sûr garnir cette tranche de pain de toutes sortes d'ingrédients.

Salade de lentilles

Préparation : 10 minutes
Cuisson : 10 minutes

Ingrédients :
250 g de lentilles cuites
2 échalotes
2 carottes
2 gousses d'ail
Persil, ciboulette
Huile d'olive
Vinaigre
Gros sel

Couper les carottes en rondelles fines et les cuire 10 minutes dans l'eau bouillante. Couper l'ail et l'écraser à moitié avec le sel. Hacher les échalotes, le persil et la ciboulette. Mélanger tous les ingrédient et laisser si possible reposer une heure.

On peut aussi cuire des lentilles spécialement pour ce plat. Le trempage est inutile et la durée de cuisson d'environ 30 minutes.

Salade de pois chiches

Préparation : 15 minutes
Cuisson : 2 heures

Ingrédients :
200 g de pois chiches
3 c. à soupe d'huile d'olive
2 oignons
6 gousses d'ail
2 citrons
Quelques feuilles de menthe fraîche
Sel, poivre

Faire tremper et cuire les pois chiches. Assaisonner d'huile et de citron. Ajouter l'ail pilé et la menthe. Servir bien frais.

Betteraves rouges aux pommes

Préparation : 10 minutes

Ingrédients :
300 g de betteraves rouges crues
2 pommes acides
1/2 citron
Persil
Vinaigrette

Éplucher les betteraves rouges et les pommes. Les râper séparément. Citronner les pommes pour éviter l'oxydation. Mélanger juste avant de servir, arroser de vinaigrette et saupoudrer de persil.

Duo de fleurs de choux

Préparation : 10 minutes
Cuisson : 10 minutes

Ingrédients :
1 petit chou-fleur très blanc

1 tête de brocoli
1 branche d'estragon
1 bouquet de cerfeuil
1 botte de ciboulette
Vinaigrette

Faire cuire séparément à l'eau bouillante le chou-fleur et le brocoli pendant 10 minutes. Les rincer à l'eau fraîche. Mélanger les herbes finement hachées dans la vinaigrette. Disposer dans un plat le chou-fleur et le brocoli de façon décorative. Verser la vinaigrette dessus et servir.

Salade de riz aux noix

Préparation : 10 minutes

Ingrédients :
150 g de riz demi-complet cuit
1 betterave rouge crue ou cuite
1 pomme
10 noix décortiquées
1 poignée de câpres ou de raisins secs
Vinaigrette épicée

Éplucher et couper la pomme en dés. La mélanger avec la betterave rouge râpée (si elle est crue) ou coupée en dés (si elle est cuite), le riz, les noix, les câpres (ou les raisins secs). Arroser de vinaigrette et servir.

Tomates farcies au fromage de chèvre

Recette du sud de l'Europe.
Préparation : 15 minutes
Cuisson : 6-8 minutes

Ingrédients :
4 grosses tomates
4 grosses feuilles de salade croquante
100 g de fromage de chèvre
2 échalotes
1 c. à soupe de basilic ou d'oseille fraîche
Sel, poivre

Enlever le chapeau des tomates, les vider, saler et poivrer. Couper les feuilles de salade en fines lanières, les mélanger avec le fromage de chèvre coupé en petits morceaux et les échalotes finement émincées. Ajouter le basilic (ou l'oseille) haché et une pincée de sel, poivrer. Farcir les tomates avec ce mélange et cuire 6 à 8 minutes à la vapeur. Servir chaud avec des tranches de pain complet.

Salade aux pignons

Préparation : 10 minutes

Ingrédients :
1 laitue
Un peu de mâche ou de cresson
Quelques radis
1 pomme verte
50 g de pignons
Huile d'olive
Citron
Sel, poivre

Laver et couper la laitue et la mâche (ou le cresson) dans un saladier. Ajouter les radis et la pomme coupés en petits morceaux, puis les pignons. Assaisonner avec du jus de citron, de l'huile d'olive, du sel et du poivre.

Salade normande

Préparation : 15 minutes

Ingrédients :

2 pommes
1 cœur de chou rouge
1 cœur de laitue
4 gros cornichons
100 g de fromage blanc
3 c. à soupe d'huile d'olive
1/2 citron
1 poignée de ciboulette
Sel, poivre

Mélanger le fromage blanc avec le sel, le poivre, le jus de citron et l'huile d'olive. Hacher la ciboulette et les cornichons. Couper le chou et la laitue en fines lamelles et les pommes en dés. Mélanger tous les ingrédients et servir frais.

Salade cambodgienne

Cette salade est servie traditionnellement le soir du Nouvel An cambodgien, avec des nems.

Préparation : 10 minutes

Ingrédients :

1 chou pommé vert
4 petites carottes
1 blanc de poulet cuit
Feuilles de coriandre, menthe ou persil

Sauce :

1 c. à soupe de sauce de poisson nuoc-mâm
1 c. à soupe de sucre
1 c. à soupe de vinaigre
2 c. à soupe d'eau

Râper finement les carottes. Émincer le chou en fines lamelles. Découper le blanc de poulet en petits morceaux. Hacher les herbes. Mélanger le tout dans un saladier et assaisonner avec la sauce (ou simplement avec un peu de sauce de soja et d'huile d'olive).

Guacamole

Cette sauce d'avocats mexicaine accompagne en général des nachos (chips de maïs), des tortillas ou d'autres plats mexicains. On peut également l'utiliser sur des toasts en entrée.

Préparation : 10 minutes

Ingrédients :

2 avocats
1 tomate
1/2 oignon
Jus de citron
Ail en poudre
Sel

Couper les avocats en petits cubes. Peler la tomate et la couper en petits morceaux. Verser le tout dans un bol. Ajouter l'oignon finement émincé, une cuillère à café de jus de citron, une pincée de poudre d'ail et une pincée de sel. Écraser le tout avec une fourchette, mélanger et servir.

Variante : on peut légèrement modifier les ingrédients et préparer cette sauce avec 2 avocats, 1/2 oignon, 1 cuillère à soupe d'huile d'olive, 2 cuillères à café de jus de citron, une pincée de piment en poudre et une pincée de sel.

Légumes à la grecque

Toutes sortes de légumes peuvent se cuisiner à la grecque et constituer des hors d'œuvres frais et croquants : champignons, courgettes, poivrons, fenouil, oignons, chou-fleur, artichauts, etc.

Préparation : 15 minutes

Cuisson : 30 minutes

Ingrédients :

Légumes au choix
1 citron
1 c. à soupe de sauce tomate
1 c. à soupe d'huile d'olive
1 c. à soupe de graines de coriandre
1 bouquet garni
1 dl de vin blanc
Sel, poivre

Préparer une marinade avec la sauce tomate, le vin blanc, l'huile, le jus de citron, la coriandre et le bouquet garni. Saler et poivrer. Cuire 10 minutes à feu vif, puis ajouter les légumes coupés en petits morceaux. Laisser à nouveau bouillir pendant 15 minutes environ (plus si on utilise des artichauts). Il faut que les légumes restent croquants. Enlever le bouquet garni et servir frais.

Quelques exemples de mélanges de légumes très appréciés : fenouils et petits champignons ; courgettes et petits oignons blancs ; artichauts, oignons et champignons.

LÉGUMES ET LÉGUMINEUSES

Orties à la béchamel

Préparation : 10 minutes
Cuisson : 20 minutes

Ingrédients :
4 belles poignées de jeunes pousses d'orties
1 oignon
2 c. à soupe de farine
1/4 de l de lait
Noix de muscade
Sel, poivre

Faire revenir l'oignon émincé avec un peu d'huile. Ajouter les orties bien lavées et une pincée de sel. Cuire à feu doux 15 à 20 minutes. Ajouter éventuellement un peu d'eau. Pendant ce temps, préparer la béchamel en incorporant peu à peu le lait à la farine. La parfumer avec un peu de noix de muscade râpée et de poivre. Verser la béchamel sur les orties et servir.

Variante : on peut saupoudrer les orties de gruyère râpé et les gratiner quelques minutes au four.

Gratin d'été

Préparation : 15 minutes
Cuisson : 30 minutes

Ingrédients :
400 g de pommes de terre nouvelles
400 g de courgettes
400 g de tomates
1 poivron
1 bel oignon
Huile d'olive
2 gousses d'ail
50 g de comté
Thym effeuillé ou herbes de Provence
Persil, basilic, etc.
Sel

Éplucher les pommes de terre et les couper en fines rondelles. Les cuire à la vapeur 20 minutes environ avec les courgettes également coupées en rondelles. Pendant ce temps, émincer le poivron et l'oignon, écraser l'ail et couper les tomates en rondelles. Mélanger tous les légumes (crus et cuits) dans un plat allant au four avec les herbes, un peu de sel, un filet d'huile d'olive et un petit verre d'eau. Couvrir avec le comté râpé et gratiner au four 5 à 10 minutes.

Céleri-rave au citron

Préparation : 10 minutes
Cuisson : 35 minutes

Ingrédients :
1 boule de céleri-rave
2 jaunes d'œufs
1 citron

2 verres d'eau
Un peu de cerfeuil
4 c. à soupe de beurre ou de graisse végétale
Sel, poivre

Couper le céleri en tranches et le mettre à dorer dans le beurre ou la graisse végétale. Ajouter l'eau, le sel et le poivre, couvrir et laisser cuire une petite demi-heure à feu doux. Battre les 2 jaunes d'œufs et les diluer avec le jus de citron et un peu de bouillon du céleri. Verser le tout sur le céleri et laisser épaissir tout en remuant. Servir parsemé de cerfeuil.

Croquettes aux poireaux

Préparation : 20 minutes
Cuisson : 35 minutes (15 minutes avec un reste de purée)

Ingrédients :
1 kg de pommes de terre ou un reste de purée
500 g de poireaux
1 c. à soupe de graisse végétale
2 œufs
Noix de muscade
Sel, poivre

Cuire les pommes de terre avec leur peau, les éplucher et en faire une purée. Battre les œufs avec le sel, le poivre et la noix de muscade. Incorporer à la purée. Couper les poireaux en fines lanières. Mettre à chauffer la graisse végétale dans une poêle, ajouter deux cuillères à soupe d'eau, y étuver les poireaux jusqu'à ce qu'ils soient presque tendres, puis les égoutter. Les ajouter aux pommes de terre, bien mélanger.

Faire chauffer une poêle graissée, y déposer des boulettes du mélange et les aplatir. Cuire quelques minutes et servir chaud.

Purée de pois cassés

Préparation : 5 minutes
Cuisson : 45 minutes (+ 2 heures de trempage)

Ingrédients :
200 g de pois cassés
3 échalotes
3 c. à soupe de graines de sésame
1 c. à soupe d'huile d'olive
Sel, poivre

Faire tremper les pois cassés dans de l'eau froide pendant 2 heures. Jeter l'eau de trempage et les mettre à cuire pendant 45 minutes au moins. Entre-temps, faire blondir les échalotes émincées et les graines de sésame. Réduire les pois cassés en purée. Mélanger avec les échalotes et le sésame. Saler, poivrer et servir.

Pois chiches aux épices

Préparation : 15 minutes
Cuisson : 3 heures (faire tremper les pois chiches la veille)

Ingrédients :
200 g de pois chiches
1 bol de sauce tomate
Curry
Coriandre
Gingembre
Clous de girofle

Piment
Noix de muscade
1 gousse d'ail
Huile d'olive
Sel

Faire cuire les pois chiches dans leur eau de trempage avec une gousse d'ail, pendant 2 à 3 heures. Ajouter le sel en fin cuisson. Quand les pois chiches sont cuits, préparer la sauce. Mettre la sauce tomate dans une casserole avec un peu d'huile d'olive et une pincée de sel. Dans un mixeur ou dans un mortier, mettre une bonne cuillère à café de curry, un peu de coriandre, deux clous de girofle, un peu de noix de muscade, une cuillère à café de gingembre râpé et du piment (une demi-cuillère à café en moyenne, à moduler en fonction des goûts). Mixer le tout finement. Mélanger la poudre obtenue dans une petite tasse d'eau tiède et l'ajouter à la sauce. Égoutter les pois chiches et les ajouter à la sauce tomate. Laisser mijoter pendant 20 à 30 minutes, pour que les pois chiches s'imprègnent du goût des épices.
Servir avec du riz au safran (il suffit de mettre une cuillère à café de safran dans l'eau de cuisson du riz).

Chou à la noix de coco

C'est un plat asiatique qui accompagne le riz.
Préparation : 10 minutes
Cuisson : 10 minutes

Ingrédients :
500 g de chou blanc
200 g de châtaignes cuites
1 gros oignon

Un petit morceau de gingembre
2 petites gousses d'ail
4 c. à soupe de graisse végétale
25 g de noix de coco fraîche (ou 2 c. à soupe de noix de coco séchée)

Faire revenir dans la graisse l'oignon émincé, l'ail pilé et le gingembre râpé. Ajouter le chou coupé en fines lanières et le faire revenir 5 minutes en remuant. Incorporer la noix de coco râpée et les châtaignes et cuire encore quelques minutes tout en remuant. Servir avec du riz.

Choux de Bruxelles aux châtaignes

Préparation : 15 minutes
Cuisson : 20 minutes

Ingrédients :
700 g de choux de Bruxelles
Une trentaine de belles châtaignes
Graines de fenouil
Persil ou cerfeuil
Huile d'olive
Tamari ou sel

Éplucher les châtaignes et les faire cuire dans de l'eau bouillante avec les graines de fenouil pendant 15 minutes. Cuire à part les choux de Bruxelles dans une casserole avec un fond d'eau. Enlever la deuxième peau des châtaignes pendant qu'elles sont chaudes. Lorsque les choux sont cuits et les châtaignes épluchées, les faire revenir à feu doux dans de l'huile d'olive. Au moment de servir, ajouter un peu de tamari ou de sel et parsemer le tout de persil ou de cerfeuil.

Gratin de carottes et de brocolis

Préparation : 20 minutes
Cuisson : 35 minutes

Ingrédients :
600 g de brocolis
400 g de carottes
100 g de fromage râpé
2 oignons
1 gousse d'ail
1 œuf
3 c. à soupe de crème fraîche
1 petite noix de muscade
Sel, poivre

Couper les carottes en rondelles et les cuire dans de l'eau bouillante salée avec les oignons pendant 20 minutes. Ajouter les brocolis 5 minutes avant la fin de cuisson. Préchauffer le four à 210° (th. 7). Frotter le fond d'un moule avec la gousse d'ail. Battre l'œuf avec la crème fraîche, un peu de sel, de poivre et la noix de muscade râpée, ainsi que la moitié du fromage. Égoutter les légumes et les disposer dans le moule. Recouvrir avec la préparation à la crème. Saupoudrer du reste du fromage et faire gratiner 15 minutes au four. La surface du gratin doit être dorée.

Aubergines au yaourt

Cette recette est d'origine turque.
Préparation : 10 minutes
Cuisson : 3 minutes (+ 1 à 2 heures pour faire dégorger les aubergines)

Ingrédients :
4 aubergines

1 yaourt
3 gousses d'ail
Sel

Éplucher les aubergines et les couper en fines tranches. Les disposer dans un plat, saupoudrer de sel et laisser reposer une ou deux heures. Rincer et essuyer les tranches d'aubergines. Les faire frire quelques minutes et les étaler dans un plat. Hacher les gousses d'ail et les mélanger avec le yaourt. Verser le yaourt sur les aubergines et servir.

Brocoli au parmesan

Préparation : 10 minutes
Cuisson : 30 minutes

Ingrédients :
1 gros brocoli
50 g de parmesan
20 cl de crème fraîche
Huile d'olive
Sel, poivre

Laver le brocoli, puis détacher des petits bouquets de la tige centrale. Les faire blanchir 3 minutes dans de l'eau bouillante salée. Les égoutter soigneusement. Faire chauffer une cuillère à soupe d'huile d'olive dans une poêle. Y ranger, bien serrés les uns contre les autres, les petits bouquets de brocolis. Les saisir 5 minutes à feu vif, les saler, les poivrer, les couvrir de crème. Laisser bouillonner 5 minutes, puis baisser le feu et parsemer de fines lamelles de parmesan. Continuer la cuisson pendant 20 minutes, en rajoutant progressivement de la crème (jusqu'à épuisement de la quantité prévue) au fur et à mesure que celle-ci est absorbée par les brocolis. En fin de cuisson, il ne doit plus y avoir de sauce, les brocolis sont complètement imprégnés. Servir chaud.

Légumes à la crème d'artichaut

Préparation : 10 minutes
Cuisson : 30 minutes

Ingrédients :
250 g de haricots verts
4 carottes
4 pommes de terre
1 navet
200 g de fromage blanc
2 petits artichauts
Sel

Couper les haricots verts, les carottes, les pommes de terre et le navet. Les cuire 20 à 30 minutes à la vapeur avec une pincée de sel. Pendant ce temps, cuire les artichauts dans de l'eau bouillante salée. Les égoutter et récupérer les fonds et le bas des feuilles. Les écraser ou les mixer, et les mélanger avec le fromage blanc. Servir les légumes avec cette crème d'artichaut.

Curry aux fruits

Une des variantes du curry, plat originaire de l'Inde. Cette version fait la joie des enfants.
Préparation : 15 minutes
Cuisson : 20 minutes

Ingrédients :
2 verres de riz (basmati de préférence)

200 g de carottes
1 concombre
1 oignon
4 pommes (reinettes)
2 bananes
1/2 verre de raisins secs
Noix de coco râpée
Curry
Sel

Faire revenir dans une grande sauteuse l'oignon en lanières, les carottes en bâtonnets et le concombre en tranches. Ajouter une cuillère à café de curry, une pincée de sel et un peu d'eau, et laisser cuire 15 à 20 minutes.

Pendant ce temps, cuire le riz dans deux fois son volume d'eau. Couper les pommes en dés et les bananes en morceaux. Passer les fruits rapidement à la poêle avec les raisins secs. Servir le riz dans chaque assiette, avec les légumes et les fruits. Saupoudrer de noix de coco en poudre.

Flamiche

Préparation : 15 minutes
Cuisson : 55 minutes (+ 1 heure de repos pour la pâte)

Ingrédients :

Pâte :
200 g de farine
1 dl d'huile
Sel

Farce :
600 g de poireaux
25 g de farine
2 c. à soupe d'huile
1/4 l de lait

Préparer la pâte et la laisser reposer 1 heure. Pendant ce temps, laver et émincer les poireaux très finement. Les faire revenir, ajouter une pincée de sel et laisser cuire 15 minutes à feu doux. Laisser évaporer toute l'humidité, ajouter la farine, bien mélanger, mouiller avec le lait et laisser mijoter encore 10 minutes.

Abaisser les trois quarts de la pâte et la disposer dans une tourtière graissée. Garnir avec les poireaux. Faire un couvercle avec le reste de la pâte, prévoir une cheminée au milieu et souder les bords avec le fond de la tarte. Dorer le dessus avec un peu de lait et cuire 30 minutes à four chaud.

Spaghettis, aglio, olio, peperoncino

Préparation : 5 minutes
Cuisson : 15 minutes

Ingrédients :
400 g de spaghettis
2 gousses d'ail
Piment (quantité variable selon les goûts)
Huile d'olive
Sel
Parmesan (facultatif)

Faire cuire les spaghettis dans de l'eau salée. Pendant ce temps, couper l'ail en très petits morceaux et le faire revenir avec le piment dans de l'huile d'olive pendant 2 ou 3 minutes maximum, à feu doux. Mélanger les pâtes avec l'huile d'olive, l'ail et le piment. Servir chaud. Chacun ajoutera du parmesan râpé selon son goût.

Soupe quercynoise et son farci

Préparation : 15 minutes
Cuisson : 1 heure

Ingrédients :
6 pommes de terre
4 carottes
2 poireaux
1 oignon
1 navet (ou panais)
1 verre de pois cassés

Bouquet garni
Sel
Farci :
1 assiette de pain rassis coupé en dés
3 œufs
Lait
2 c. à soupe d'huile d'olive
1 gousse d'ail
Persil
Thym
Sel

Couper les carottes, les poireaux, l'oignon et le navet, et les jeter dans une casserole d'eau salée avec les pois cassés et le bouquet garni. Au bout d'une demi-heure, ajouter les pommes de terre coupées en dés et laisser cuire encore environ 30 minutes.
Pendant ce temps, préparer le farci. Battre les œufs, y mettre à tremper le pain coupé en petits morceaux, bien mouiller avec du lait chaud. Ajouter l'ail écrasé, du persil finement haché, un peu de thym, l'huile d'olive et une pincée de sel. Mélanger et laisser reposer une demi-heure. Une fois que le pain est bien ramolli, mélanger à nouveau et verser le tout dans une poêle, comme une grosse crêpe. Cuire 10 minutes de chaque côté à feu doux.
Servir la soupe avec le farci découpé en tranches.

Haricots aux piments

Cette recette constitue un plat de base mangé quotidiennement en Colombie.
Préparation : 10 minutes
Cuisson : 2 heures (faire tremper les haricots la veille)

Ingrédients :
250 g de haricots rouges
4 tomates
1 oignon
1 poivron doux
1 piment (ou plus selon les goûts)
Sel, poivre

Faire tremper les haricots la veille. Le lendemain, les mettre à cuire dans leur eau de trempage pendant une heure environ. Mettre un peu d'huile dans le fond d'une cocotte, y faire revenir l'oignon et le poivron émincés, puis ajouter les tomates en morceaux, le piment, les haricots égouttés, un demi-litre d'eau, saler et poivrer. Laisser mijoter pendant une heure encore (le temps de cuisson dépend beaucoup de la qualité des haricots). Vérifier de temps en temps qu'il y ait suffisamment d'eau.
Servir ce plat accompagné de riz. Pour ceux qui aiment, saupoudrer les haricots de piment en poudre.

Chou farci

Préparation : 20 minutes
Cuisson : 55 minutes

Ingrédients :
1 chou blanc moyen
2 gros oignons
80 g de riz
40 g de parmesan râpé
1/2 bouquet de persil
50 g de beurre
3 c. à soupe d'huile d'olive

1 c. à soupe de moutarde
1 c. à soupe de vinaigre de cidre
Sel, poivre

Cuire le riz 15 minutes dans de l'eau bouillante salée. L'égoutter et le rincer à l'eau froide. Ôter le trognon du chou et ébouillanter les feuilles 4 à 5 minutes. Les égoutter et les rincer à l'eau froide. Hacher finement les oignons et les faire blondir dans une poêle avec le beurre. Les mélanger ensuite avec le riz et le persil haché.
Étaler quatre grandes feuilles de chou, les couvrir des plus petites et placer au centre la préparation à base de riz. Enrouler les feuilles et disposer ces quatre rouleaux dans un plat allant au four. Dans un bol, mélanger le sel, le poivre, le vinaigre, la moutarde et ajouter peu à peu l'huile d'olive. Verser cette sauce sur les rouleaux de chou, saupoudrer de parmesan et faire gratiner au four pendant 40 minutes. Ce plat peut être servi avec des pommes de terre en robe des champs.

Minestra à l'orge et aux haricots

Préparation : 20 minutes
Cuisson : 3 heure 30 (faire tremper les haricots la veille)

Ingrédients :
200 g d'orge
100 g de haricots blancs
100 g de fèves
Céleri
1 gousse d'ail
Thym ou romarin
Huile d'olive

Un peu de lardons ou de jambon fumé (facultatif)
Sel, poivre

Faire tremper les haricots la veille dans une grande casserole avec beaucoup d'eau.
Le lendemain, cuire les haricots dans leur eau de trempage, ajouter une grosse gousse d'ail, un peu de romarin ou de thym, et porter à l'ébullition. Ajouter les fèves et couvrir. Cuire 2 heures à feu doux. Incorporer ensuite les lardons ou le jambon fumé, le céleri, l'orge, un peu de poivre et d'huile d'olive. Ajouter de l'eau si nécessaire. Saler en fin de cuisson (la dernière demi-heure).
Au cours de la cuisson, remuer de temps en temps et vérifier qu'il y ait suffisamment d'eau pour obtenir une soupe épaisse. Ce plat est consistant, idéal pour les jours de grands froids.

Variante : on peut remplacer les lardons ou le jambon fumé par du bouillon de viande ou de légumes.

Poivrons farcis

Recette turque.
Préparation : 20 minutes
Cuisson : 1 heure 10

Ingrédients :
200 g de riz
8 poivrons
3 oignons
1 c. à soupe de pignons
Huile d'olive
Jus d'un citron

Persil et menthe
Cannelle
Sel, poivre

Faire revenir dans l'huile d'olive les oignons émincés et les pignons pendant 5 minutes. Incorporer le riz lavé, ajouter le double de son volume d'eau, une pincée de sel, et cuire jusqu'à absorption totale de l'eau. Laisser reposer une dizaine de minutes. Mélanger ensuite deux cuillères de persil haché, un peu de menthe, le jus de citron, une pincée de cannelle, une pincée de poivre et une pincée de sel. Bien mélanger et farcir les poivrons préalablement vidés. Les disposer dans un plat allant au four, ajouter un verre d'eau et cuire 20 minutes au four. Servir froid.

Galettes aux pommes de terre

Préparation : 20 minutes
Cuisson : 20 à 30 minutes

Ingrédients :
8 à 10 pommes de terre
1 chou blanc
2 ou 3 oignons
1 ou 2 poivrons rouges
4 gousses d'ail
Vinaigre
Huile ou lardons
Herbes fraîches (persil, marjolaine...)
Sel, poivre

Couper le chou en fines lamelles et le jeter dans un litre et demi d'eau bouillante salée. Cuire 2 minutes environ, égoutter le chou et le garder au chaud.

Couper finement le poivron, l'oignon et l'ail. Faire revenir dans un poêle huilée (ou avec des lardons) le poivron et la moitié des autres ingrédients (oignon, ail et herbes). Mélanger avec le chou, assaisonner et garder au chaud.
Râper les pommes de terre et les mélanger avec l'autre moitié des ingrédients. Saler, poivrer. Faire chauffer de l'huile dans une poêle et y disposer trois ou quatre tas de pommes de terre. Les aplatir le plus possible sans qu'ils se touchent. Les dorer à feu vif en rajoutant encore de l'huile et en les retournant. Quand ces galettes sont bien dorées des deux côtés, les servir avec la salade de chou tiède.

Variante : on peut servir ces galettes de pommes de terre avec de la compote de pommes ou de quetches à la place du chou.

Pountis auvergnat

Préparation : 10 minutes
Cuisson : 30 minutes

Ingrédients :
250 g de blettes ou d'épinards
4 œufs
Quelques feuilles de laitue
Quelques feuilles d'oseille
1 oignon
4 gousses d'ail
6 c. à soupe de farine
Ciboulette
Persil
4 tranches de jambon (facultatif)
Sel, poivre

Faire revenir l'oignon émincé et le jambon haché. Mélanger dans un saladier les feuilles de laitue et d'oseille coupées en lanières, les blettes, le persil, l'ail et la ciboulette finement hachés, les œufs, le sel et le poivre. Incorporer la farine et ajouter les oignons et le jambon. Mélanger soigneusement le tout. Cuire soit à la poêle sous forme de galette, soit dans un plat au four pendant 20 à 30 minutes.

Sauté de topinambours

Préparation : 15 minutes
Cuisson : 35 à 40 minutes

Ingrédients :
1 kg de topinambours
1 gros oignon
1 gousse d'ail
1 bouquet de persil
3 pincées de noix de muscade râpée
1 branche de thym
1 feuille de laurier
1 morceau de sucre
Sel, poivre

Cuire les topinambours 5 minutes à l'eau bouillante. Les égoutter et les éplucher. Hacher finement l'oignon et la gousse d'ail et les faire revenir au fond d'une casserole huilée avec le persil, le thym et le laurier. Ajouter les topinambours coupés en morceaux et le sucre. Parfumer avec la noix de muscade, le poivre et le sel. Recouvrir d'eau et laisser cuire 30 minutes environ à feu doux. Les topinambours doivent être très tendres. Terminer la cuisson à feu vif. Laisser évaporer l'eau complètement et dorer légèrement les topinambours. Retirer le thym et le laurier, parsemer de persil haché et servir.

Tomates en gratin

Préparation : 15 minutes
Cuisson : 45 minutes

Ingrédients :
800 g de pommes de terre
800 g de tomates
3 oignons
100 g de gruyère râpé
1 petit verre d'huile d'olive
Thym, romarin
Sel, poivre

Faire cuire les pommes de terre en robe des champs pendant 15 minutes environ, les éplucher et les couper en rondelles. Faire revenir dans une poêle les oignons émincés avec une partie de l'huile. Verser l'huile de cuisson des oignons dans un plat allant au four et y disposer en couches alternées les pommes de terre, les tomates coupées en rondelles et les oignons. Saler et poivrer entre chaque couche. Saupoudrer de thym, de romarin et de gruyère. Arroser avec le reste de l'huile et cuire à four chaud 30 minutes.

Ribollita

Cette soupe paysanne est très consommée en Toscane et désormais servie dans les meilleurs restaurants de la région.
Préparation : 20 minutes
Cuisson : 2 heures (faire tremper les haricots la veille)

Ingrédients :
Pain rassis (environ 300 g)
200 g de haricots blancs
1 chou blanc de taille moyenne
1 chou noir ou frisé
1 pomme de terre
Quelques morceaux de viande ou quelques lardons (facultatif)
1/2 oignon
2 gousses d'ail
Sauce tomate (1 bol environ)
Céleri, persil
Sel, poivre
Huile d'olive

Mettre les haricots à cuire dans 2 litres d'eau environ (y compris leur eau de trempage). Lorsque les haricots sont à mi-cuisson, préparer le reste. Couper finement l'oignon, l'ail, le céleri et le persil et les faire revenir à feu doux dans une poêle huilée. Au bout de quelques minutes, ajouter le sel, le poivre, la sauce tomate et un peu d'eau de cuisson des haricots. Laisser mijoter. Pendant ce temps, laver et couper les choux. Jeter les choux et la pomme de terre coupée en quatre dans la casserole des haricots, ajouter le mélange précédent, ainsi que la viande (ou les lardons). Laisser cuire à petit feu pendant au moins une heure. En fin de cuisson, ajouter le sel. Si le pain n'est pas trop rassis, le couper en tranches fines, le mettre dans l'assiette et verser la soupe chaude dessus. Sinon, ajouter le pain directement dans la soupe et le laisser cuire une bonne demi-heure. Servir avec un peu d'huile d'olive.

Pâtes au brocoli

Préparation : 45 minutes
Cuisson : 30 minutes

Ingrédients :
400 g de pâtes
1 gros chou brocoli
1 petite gousse d'ail
Huile d'olive
Parmesan ou gruyère
Sel

Couper l'ail en petits morceaux et le faire revenir une minute dans une poêle avec un peu d'huile d'olive. Ajouter le brocoli coupé en morceaux de taille moyenne, un peu de sel, une cuillère d'huile d'olive, un demi-verre d'eau et laisser mijoter une demi-heure environ à feu doux.
Pendant ce temps, mettre l'eau à chauffer pour les pâtes. Lorsqu'elle bout, ajouter deux pincées de gros sel et versez les pâtes. Faire en sorte que les pâtes soient cuites en même temps que les légumes. Les égoutter et les mélanger avec le brocoli. Servir immédiatement avec un peu de parmesan ou de gruyère râpé.
Pour relever le plat, on peut ajouter soit un peu de piment pendant la cuisson des légumes, soit un peu de crème fraîche en fin de cuisson.

Pâtes à la chicorée sauvage

Préparation : 45 minutes
Cuisson : 30 minutes

Ingrédients :
400 g de pâtes

2 ou 3 chicorées sauvage (de Trévise ou de Vérone)
1 gros oignon (blanc ou jaune)
1/2 verre de vin blanc (facultatif)
Huile d'olive
Parmesan ou gruyère
Sel

Couper l'oignon en fines lamelles et le faire revenir 5 minutes dans une poêle avec un peu d'huile d'olive. Ajouter la chicorée coupée finement, un peu de sel, une cuillère d'huile d'olive, une cuillère d'eau (en ajouter au cours de la cuisson si nécessaire) et laisser cuire 30 minutes à petit feu. Ajouter un demi-verre de vin blanc en fin de cuisson.
Pendant ce temps, mettre l'eau à chauffer pour les pâtes. Lorsqu'elle bout, ajouter deux bonnes pincées de gros sel et jeter les pâtes. Lorsqu'elles sont cuites et égouttées, les mélanger avec la chicorée et servir avec un peu de parmesan ou de gruyère râpé.

Variante : on peut ajouter un peu de saucisse ou de tomates bien mûres.

Pâtes aux poivrons

Préparation : 15 minutes
Cuisson : 1 heure

Ingrédients :
400 g de pâtes
1 gros poivron
Une dizaine d'olives noires
250 g de sauce tomate
Laurier

Parmesan ou gruyère
Huile d'olive
Sel

Verser la sauce tomate dans une casserole, ajouter une pincée de sel et une cuillère d'huile d'olive, couvrir et laisser cuire à petit feu avec quelques feuilles de laurier. Pendant ce temps, couper le poivron et les olives en petits morceaux. Faire chauffer une poêle avec un peu d'huile, y verser les poivrons avec une pincée de sel, et laisser mijoter quelques minutes. Ajouter un peu d'eau et les olives et faire cuire 15 minutes. Verser alors le tout dans la sauce tomate et laisser cuire 40 minutes à feu très doux. Faire cuire les pâtes puis les mélanger avec la quantité de sauce nécessaire et servir avec un peu de parmesan ou de gruyère râpé.

Variante : on peut aussi mettre le tout dans un plat et faire gratiner quelques minutes au four. on peut aussi remplacer le poivron par du thon :dans ce cas-là, le faire revenir 5 minutes avec les olives et l'ajouter à la sauce tomate en fin de cuisson.

Risotto aux carottes et aux amandes

Préparation : 20 minutes
Cuisson : 1 heure

Ingrédients :
300 g de riz complet
4 ou 5 carottes
100 g d'amandes mondées
Thym
Huile d'olive
Sel

Mettre le riz à cuire dans une casserole dans le double de son volume d'eau. Ajouter une grosse pincée de sel et laisser cuire à petit feu pendant au moins 50 minutes. Pendant ce temps, couper les carottes en fines rondelles ou en petits cubes et les faire cuire à feu doux dans une poêle avec un fond d'huile d'olive, un peu d'eau, de sel et de thym. Mettre les amandes mondées sur une tôle dans le four chaud (ou éventuellement dans une poêle légèrement graissée) et les faire griller en surveillant bien qu'elles ne brûlent pas. Quand elles sont bien dorées, laisser refroidir et les couper en petits morceaux. Quand le riz est cuit, lui ajouter les carottes et les amandes, puis servir.

Variante : on peut remplacer les carottes et les amandes par des haricots verts, des courgettes et une branche de céleri, ou encore de la chicorée de Trévise et un oignon.

Risotto au chou et aux haricots

Préparation : 30 minutes
Cuisson : 3-4 heures (faire tremper les haricots la veille)

Ingrédients :
250 g de riz
100 g de haricots secs
1 chou moyen
50 g de beurre
100 g de parmesan
1 gousse d'ail
Quelques feuilles de sauge
Sel

Faire cuire les haricots dans leur eau de trempage, avec une gousse d'ail, pendant 3 heures environ.

Ajouter le sel en fin de cuisson. Pendant que les haricots cuisent, séparer les feuilles de chou, les laver et les plonger dans de l'eau bouillante salée. Les laisser pendant 5 minutes, les égoutter et les couper en fines lanières. Mettre à chauffer un litre d'eau salée (on peut utiliser l'eau de cuisson du chou), y jeter le riz et le chou et laisser cuire à feu doux jusqu'à cuisson complète du riz.
Égoutter d'une part le mélange riz-chou, d'autre part les haricots. Mélanger le tout dans un plat creux préalablement chauffé. Faire revenir les feuilles de sauge dans le beurre. Recouvrir la préparation avec le beurre et la moitié du parmesan, mélanger et servir. À table, chacun ajoutera à sa guise le reste du parmesan.

Polenta à la sauce tomate

Préparation : 20 minutes
Cuisson : 30 minutes (5 minutes avec de la polenta précuite)

Ingrédients :
400 g de semoule de maïs
300 g de sauce tomate
Parmesan
Sel

Faire chauffer environ un litre d'eau salée. Lorsqu'elle bout, verser la semoule en pluie en remuant constamment. Cuire 30 minutes, en remuant très souvent. Servir avec de la sauce tomate et du parmesan râpé.

Variante : en général, cette recette est accompagnée de saucisses et de viande (mouton ou bœuf), que l'on fait cuire avec la sauce tomate.

Polenta au chou

Préparation : 20 minutes
Cuisson : 1 heure (20 minutes avec de la polenta précuite)

Ingrédients :
400 g de semoule de maïs
1 chou moyen
Huile d'olive
Parmesan
Sel

Mettre le chou à cuire dans un litre et demi d'eau salée, après avoir enlevé le trognon et les feuilles extérieures. Lorsqu'il est cuit, l'égoutter, le couper en lanières et le remettre dans l'eau de cuisson, puis ajouter la semoule en pluie et en remuant constamment. Cuire 30 minutes, en remuant très souvent. Ajouter un peu d'huile d'olive et de parmesan râpé avant de servir.

Millet au gratin

Préparation : 15 minutes
Cuisson : 35 minutes

Ingrédients :
200 g de millet
2 gros oignons
Légumes au choix selon la saison
2 biscottes
100 g de comté râpé
1/2 d'eau ou de bouillon de légumes

Faire chauffer à sec le millet dans une cocotte en fonte ou une sauteuse en remuant sans arrêt. Ajouter l'eau chaude (ou le bouillon) ainsi que les oignons finement hachés. Laisser cuire 10 minutes et verser dans un plat à gratin. Recouvrir des légumes préalablement cuits à l'étouffée ou à la vapeur. Émietter les biscottes, les mélanger avec le comté et répartir sur les légumes. Cuire 15 à 20 minutes à four moyen.

Taboulé libanais

Le taboulé libanais est en fait une salade rafraîchissante qui contient presque autant de persil que de boulghour, des tomates et beaucoup de citron : rien à voir donc avec celui que l'on fait habituellement chez nous. Ce taboulé a d'ailleurs une couleur très prononcée.

Préparation : 15 minutes

Laisser reposer 4 heures au frais

Ingrédients :

200 g de boulghour fin
2 oignons
3 belles tomates
2 bouquets de persil
1 bouquet de menthe
2 gros citrons
2 c. à soupe d'huile d'olive
Sel

Si l'on est pressé, verser un volume et demi d'eau sur un volume de boulghour et laisser gonfler 10 minutes. Sinon, il suffit de le mélanger avec les tomates et leur jus, et avec le persil et la menthe à peine égouttés, afin qu'il y ait suffisamment d'humidité pour que le boulghour gonfle.

Verser le boulghour dans un récipient peu profond. Ajouter les tomates coupées en très petits dés, ainsi que le persil et la menthe très finement hachés. Verser le jus des deux citrons, l'huile d'olive, saler et laisser reposer au frais pendant 4 heures environ. Au moment de servir, ajouter les oignons hachés très finement, vérifier qu'il y ait assez de citron (au besoin, en ajouter un peu) et servir.

Couscous au potimarron

Préparation : 20 minutes
Cuisson : 1 heure

Ingrédients :
800 g de potimarron
400 g de couscous (complet de préférence)
2 ou 3 navets
2 oignons
1 petit bol de pois chiches cuits
1 petit bol de raisins secs
1 ou 2 gousses d'ail
1 ou 2 piments
1 bouquet de feuilles de coriandre
1 bouquet de persil
1 c. à soupe de ras el hanout (épice arabe, à défaut utiliser du cumin et du poivre)
Huile d'olive

Mélanger le couscous avec un peu d'huile d'olive, et l'égrener avec les mains. Ajouter petit à petit un demi-verre d'eau et mélanger. Mettre les raisins secs à tremper dans un bol d'eau. Prendre un couscoussier et y faire revenir (dans le bas du couscoussier) l'ail et les oignons finement hachés dans un peu d'huile d'olive. Ajouter l'épice arabe (ou le cumin et le poivre), puis le potimarron épluché et coupé en gros

morceaux. Ajouter ensuite les navets, les pois chiches, le piment et quatre verres d'eau.
Dans le haut du couscoussier, verser le couscous mélangé aux raisins secs. Couvrir et laisser cuire une petite heure. Toutes les 10 minutes, mouiller le couscous avec un verre d'eau chaude en l'égrenant avec les mains. Un quart d'heure avant de servir, ajouter le coriandre et le persil.

Quinoa en gratin

Préparation : 10 minutes
Cuisson : 25 minutes

Ingrédients :
200 g de quinoa
200 g de potimarron
1 verre de lait d'amandes
Huile de tournesol
Sel

Cuire la quinoa à feu doux 15 minutes dans de l'eau salée (une tasse d'eau pour une tasse de quinoa) jusqu'à absorption totale de l'eau. Pendant ce temps, cuire à la vapeur le potimarron coupé en petits morceaux. Mixer le potimarron et la quinoa avec le lait d'amandes obtenu en diluant de la purée d'amandes dans de l'eau. Mettre le mélange dans un plat à gratin bien huilé. Cuire 10 minutes au four.

Ce plat complet s'accompagne très bien d'une salade verte ou d'endives aux noix.

Boulghour au lait d'arachides

Préparation : 10 minutes
Cuisson : 15 minutes

Ingrédients :
2 tasses de boulghour
2 oignons
1 c. à soupe de purée d'arachides
1 c. à soupe de raisins secs
Feuilles de menthe
Sel

Diluer la purée d'arachides dans trois tasses d'eau. Cuire le boulghour avec le lait d'arachides et une pincée de sel pendant 15 minutes environ. Faire tremper les raisins secs dans un verre d'eau pendant 10 minutes. Mélanger le boulghour avec les raisins secs, les oignons finement hachés et parsemer le tout de menthe fraîche.

Pizzoccheris

Les pizzoccheris sont des petites boules de pâte de sarrasin bouillies avec des légumes divers coupés en dés : une sorte de pot-au-feu de céréales. Il s'agit d'une recette typiquement italienne que l'on faisait notamment à la fin de l'hiver lorsque les réserves s'épuisaient et qu'il fallait faire de la place dans le potager.
Préparation : 15 minutes
Cuisson : 30 minutes

Ingrédients :
Pâte :
200 g de farine de sarrasin
100 g de farine de blé
1 œuf

1 tasse d'eau
1 pincée de sel
Légumes :
1 ou 2 carottes
1 betterave rouge moyenne
2 pommes de terre moyennes
2 poireaux
2 petits navets
50 g de fromage râpé
Thym, laurier
Huile d'olive
Sel

Couper tous les légumes en dés. Les cuire dans une casserole d'eau chaude salée avec du thym et du laurier, en commençant par les plus longs à cuire (la betterave) pour terminer par les plus vite cuits de sorte qu'ils soient tous cuits à peu près en même temps.
Pendant ce temps, préparer la pâte. Mélanger la farine de sarrasin et celle de blé, l'œuf, le sel et l'eau (petit à petit) de façon à obtenir une pâte épaisse. Faire des boulettes et les jeter dans l'eau avec les légumes un peu avant que ceux-ci aient fini de cuire. Les boulettes remontent lorsqu'elles sont cuites. Retirer les légumes et les pizzoccheris avec une écumoire, saupoudrer de fromage râpé et ajouter un filet d'huile d'olive.

Supplis (boulettes de riz à la sauce tomate)

Cette recette est typiquement romaine : en général, on fait des boulettes en forme d'œuf et on les fait frire. C'est idéal pour utiliser les restes de riz.
Préparation : 20 minutes

Cuisson : 10 minutes pour les supplis, et 1 heure pour la sauce tomate si on la fait soi-même

Ingrédients :

2 bols de riz cuit
Sauce tomate
Mozzarella ou parmesan
Chapelure
Sauce tomate

Mélanger le riz avec la sauce tomate. Ajouter quelques morceaux de mozzarella ou un peu de parmesan râpé, et former avec les mains de petites galettes. Les rouler dans la chapelure et les faire griller à la poêle de chaque côté. Servir chaud.

Tourte jardinière au comté

Préparation : 15 minutes
Cuisson : 45 minutes

Ingrédients :

300 g de pâte brisée
1 chou brocoli
2 carottes
2 blancs de poireaux
1 gros oignon
150 g de comté
3 œufs
2 dl de crème fraîche
2 dl de lait
Sel, poivre

Couper tous les légumes en petits morceaux. Les plonger 5 minutes dans de l'eau bouillante salée. Étaler la pâte et la mettre dans une tourtière graissée.

La garnir avec les légumes et le comté coupé en petits cubes. Mélanger dans un saladier les œufs, le lait et la crème. Saler et poivrer. Verser la préparation sur la tarte. Cuire 15 minutes à four chaud puis 30 minutes à four moyen.

Pommes de terre en robe des champs au fromage blanc

Préparation : 15 minutes
Cuisson : 20 à 30 minutes

Ingrédients :
10 pommes de terre moyennes
500 g de fromage blanc
1 saladier de pointes d'orties
1 oignon
2 gousses d'ail
Herbes fraîches (ciboulette, persil, marjolaine)
Curry
Sel

Cuire les pommes de terre entières dans de l'eau bouillante salée. Pendant ce temps, mélanger le fromage blanc avec les herbes hachées, l'oignon et l'ail émincés, le sel et le curry. Laver les orties et les passer à la moulinette ou les hacher finement. Les ajouter à la dernière minute au le fromage blanc. Servir les pommes de terre en robe des champs accompagnées du fromage préparé.

Tarte aux épinards

Préparation : 10 minutes
Cuisson : 50 minutes

Ingrédients :
1 boule de pâte brisée
500 g d'épinards frais
200 g de fromage blanc
4 œufs
5 c. à soupe de lait
30 g de margarine
30 g de fromage râpé
Noix de muscade
Sel, poivre

Cuire les épinards 5 à 6 minutes à la poêle dans la margarine. Laisser tiédir. Ajouter le fromage blanc, le sel, le poivre, la noix de muscade râpée et deux œufs durs émiettés. Battre les deux autres œufs avec le lait. Garnir le fond d'un moule graissé avec la pâte brisée. Y déposer la préparation avec les épinards, puis les œufs battus. Saupoudrer de fromage râpé. Cuire 20 minutes à four chaud, puis 25 minutes à four moyen.

Pizza

Avant de se mondialiser, la pizza était l'aliment quotidien des Napolitains, un plat populaire, vite prêt et peu coûteux.

Ingrédients :
500 g de farine
1 carré de levure de boulanger
1 c. à soupe d'huile d'olive
Sel

Mettre la farine dans un saladier, ajouter une cuillère d'huile d'olive et la mélanger avec les doigts. Ajouter

une pincée de sel et la levure de boulanger diluée dans un demi-verre d'eau tiède. Ensuite, ajouter la quantité d'eau nécessaire pour obtenir une pâte souple (environ trois verres d'eau).
Déposer la pâte dans un récipient huilé. Faire une croix sur la pâte, couvrir avec un tissu, et laisser reposer au chaud pendant quelques heures.

Quels ingrédients pour garnir la pizza ?

Rien n'oblige à suivre les recettes classiques. Laissez-vous plutôt aller à votre fantaisie, en utilisant les légumes de saison, du jambon, du fromage, etc. En général, la viande utilisée se limite au jambon cru ou cuit, et à la saucisse. Quant au poisson, il s'agit souvent d'anchois, de saumon ou encore de thon pour les pizzas mangées froides. Les légumes s'adaptent tous bien aux pizzas, s'ils sont coupés finement, de préférence en lamelles. Le fromage de base est bien sûr la mozzarella, mais on peut aussi utiliser du roquefort, du comté, ou d'autres fromages.
La recette de base est la pizza Margherita, avec mozzarella et sauce tomate. Il suffit d'étaler la sauce tomate sur la pâte (on peut aussi utiliser des tomates fraîches), d'ajouter la mozzarella coupée en tout petits cubes, un peu de sel et d'huile d'olive, et de la mettre au four chaud pendant 15 à 20 minutes.

Quelques règles de bases :

- La pâte doit être fine ;
- Utiliser de préférence une tôle ronde ;
- La cuisson varie en fonction des ingrédients choisis, mais en général elle ne doit pas excéder 30 minutes et le four doit être bien chaud ;
- Pour éviter que la pizza attache, bien graisser la tôle ;

• Pour éviter que la pâte ne devienne trop sèche, verser dessus un filet d'huile d'olive avant d'y mettre les ingrédients.

Pissaladière

Cette tarte du midi se fait soit avec une pâte brisée, soit avec une pâte à pain à la levure de boulanger.
Préparation : 10 minutes
Cuisson : 25 ou 40 minutes (selon la pâte utilisée)

Ingrédients :
1 boule de pâte
400 g d'oignons
8 filets d'anchois
10 olives noires
2 c. à soupe d'huile d'olive
Sel

Émincer les oignons et les faire blondir avec de l'huile d'olive. Saler, ajouter un demi-verre d'eau, couvrir et cuire 10 minutes à feu doux. Étaler la pâte dans une tourtière graissée, garnir avec les oignons, ajouter les anchois et les olives dénoyautées et cuire à four chaud 10 à 15 minutes pour la pâte à pain, 20 à 30 minutes pour la pâte brisée.

Variante : dans certaines régions, on ajoute aux oignons des tomates pelées avant de couvrir la cocotte. Ailleurs, on met un œuf battu et de la noix de muscade dans les oignons cuits avant de les passer au four.

Pâtes à l'amatriciana

Cette recette est une spécialité de la cuisine romaine. En général, on utilise des pâtes courtes et grosses (dites bucatini*), que l'on appelle plus souvent* macaroni *en France.*
Préparation : 10 minutes
Cuisson : 30 minutes

Ingrédients :
400 g de pâtes
100 g de lardons
5 tomates bien mûres (ou de la sauce tomate)
1 petit oignon
Piment
Huile d'olive
Sel
Pecorino ou parmesan

Faire revenir pendant quelques minutes les lardons au fond d'une casserole non huilée. Ajouter l'oignon coupé finement, une petite cuillère d'huile d'olive, le piment, et laisser revenir 5 bonnes minutes, en veillant à ce que cela n'attache pas. Incorporer les tomates lavées, pelées et coupées en petits morceaux (ou la sauce tomate) et laisser mijoter au moins 20 minutes à petit feu. Pendant ce temps, faire cuire les pâtes dans de l'eau salée. Les mélanger alors avec la sauce et ajouter du pecorino râpé (ou du parmesan). Servir chaud.

Harira de Zohra

Cette soupe consistante sert traditionnellement à rompre le jeûne du Ramadan au Maroc.
Préparation : 20 minutes
Cuisson : 1 heure

Ingrédients :
100 g de viande de bœuf ou d'agneau (ou d'abattis de volaille)
100 g de lentilles ou de fèves décortiquées
Quelques feuilles de chou
1 navet moyen
1 gros oignon
1 branche de céleri
1 tomate
1 verre de riz
2 c. à soupe de farine
1 citron
Coriandre fraîche (feuilles)
Piment de cayenne
Sel, poivre

Mettre la viande et les lentilles (ou les fèves) dans une marmite avec deux litres d'eau et une pincée de sel. Laisser mijoter une demi-heure, puis ajouter les légumes coupés en morceaux (oignon, céleri, navet, tomate, chou), un peu de piment et de poivre. Laisser cuire encore une vingtaine de minutes. Ajouter le riz. Lorsque celui-ci est presque cuit, délayer dans un bol la farine avec de l'eau et la verser dans la soupe avec un peu de coriandre.
Faire venir de nouveau à ébullition en remuant souvent pour éviter les grumeaux et laisser cuire pendant 10 minutes environ. Servir cette soupe très chaude avec un peu de jus de citron dans chaque bol.

Pâtes à la bolognaise

Préparation : 15 minutes
Cuisson : 45 minutes

Ingrédients :
400 g de pâtes
300 g de sauce tomate
150 g de viande hachée
1 carotte
1 oignon
1 échalote
1 gousse d'ail
Laurier
Huile d'olive
Sel

Faire revenir l'oignon, l'échalote et l'ail avec un peu d'huile d'olive dans une casserole. Ajouter la viande hachée et laisser mijoter une dizaine de minutes. Ajouter la sauce tomate, deux ou trois feuilles de laurier, la carotte coupée en rondelles, du sel et éventuellement un peu d'eau. Laisser cuire 30 minutes à feu doux. Cuire les pâtes et les mélanger avec la quantité de sauce nécessaire. Servir avec un peu de parmesan.

Chili con carne

Préparation : 15 minutes
Cuisson : 1 heure 30

Ingrédients :
200 g de viande hachée
250 g de haricots rouges cuits
1 ou 2 carottes
1 oignon
1 gousse d'ail
1 verre de vin rouge
Piment
Sel

Faire revenir l'oignon et l'ail dans une poêle huilée. Ajouter la viande hachée, les carottes coupées en fines rondelles, une pincée de sel et un peu de piment. Couvrir et cuire au moins 1 heure à feu doux. Ajouter les haricots rouges et laisser mijoter encore une demi-heure. Ajouter le vin rouge en fin de cuisson.

Servir avec du riz et une salade verte.

Potée auvergnate

Préparation : 15 minutes
Cuisson : 40 à 50 minutes

Ingrédients :
1 chou moyen
4 carottes
4 pommes de terre
4 saucisses
4 petites tranches de lard maigre salé
1 oignon piqué de 2 clous de girofle
1 branche de céleri
Thym
Laurier

Couper le chou en quartiers et le jeter dans une casserole d'eau bouillante. Laisser cuire 10 minutes et égoutter. Éplucher les carottes et les pommes de terre et les mettre dans une casserole avec les saucisses et le lard. Ajouter le chou, le céleri, l'oignon, un peu de thym et deux feuilles de laurier. Recouvrir d'eau froide et laisser cuire 30 à 40 minutes.

Rougaille aux saucisses

Préparation : 15 minutes
Cuisson : 30 minutes

Ingrédients :
4 saucisses
4 grosses tomates
2 gros oignons
8 gousses d'ail
1 noix de gingembre
Thym, laurier
Persil
Sel

Couper les tomates en petits morceaux. Éplucher et émincer les oignons. Râper le gingembre et piler l'ail dans un mortier avec une grosse pincée de sel. Faire revenir les saucisses coupées en morceaux. Ajouter les oignons, puis le gingembre et l'ail. Laisser revenir quelques minutes et ajouter les tomates, un peu de thym, de laurier et de persil. Cuire environ 30 minutes à petit feu.

Bolo con sardinhas

Cette recette permet de recevoir bon nombre d'amis à la mode portugaise, de façon simple (pas de vaisselle!) et très conviviale. C'est aussi un repas complet et sain. On déguste ce mets accompagné d'un vin rouge bien charpenté. Une fois les convives rassasiés, on leur sert la soupe de Caldo verde, *faite de pommes de terre défaites, lardons ou dés de jambon et chou vert coupé en très fines lamelles (recette p. 53).*
Préparation : 20 minutes
Cuisson : 5 minutes (+ une nuit de repos pour la pâte)

Ingrédients :
12 sardines
Pâte :
200 g de farine de blé
200 g de farine de maïs
1 pâton de levain
Sel

Préparer la pâte la veille. Mélanger les deux farines avec une pincée de sel et du levain. Ajouter suffisamment d'eau tiède pour obtenir une boule que l'on pétrit. Faire reposer à la température ambiante. le lendemain matin, reprendre la pâte et la pétrir de nouveau. La laisser reposer encore.
Enlever la tête des sardines et les faire griller roulées dans de la farine ou directement sur un gril. Les saler et les garder au chaud. Préchauffer le four. Prendre des petites boules de pâte (de la taille d'une balle de tennis) et les aplatir sur une planche farinée de façon à former des galettes rondes de 15 à 20 centimètres de diamètre et de 3 à 4 millimètres d'épaisseur. Les détacher en passant une ficelle entre la pâte et la planche. Les mettre 2 à 3 minutes au four chaud. Sous l'effet de la chaleur, la galette gonfle tout-de-suite : le *bolo* ressemble alors à une sorte de double béret, ou de grande bourse plate, avec deux faces décollées tenant ensemble par le pourtour. Déchirer le *bolo* à la main en deux ou trois quartiers, introduire les sardines chaudes à l'intérieur et déguster.

Riz aux crevettes et aux fleurs de courgettes

Préparation : 20 minutes
Cuisson : 45 minutes

Ingrédients :
300 g de riz
150 g de crevettes
8-10 fleurs de courgettes
1 tomate
4 c. de crème fraîche
20 g de beurre
1 petit oignon
1/2 verre de vin blanc
Persil
Sel, poivre

Faire cuire le riz. Pendant ce temps, faire revenir l'oignon finement coupé dans le beurre. Ajouter les crevettes, les fleurs de courgettes coupées en deux, la tomate coupée en morceaux, le persil, le sel et le poivre, un demi-verre d'eau, et laisser cuire 15 minutes à feu doux. Ajouter ensuite un demi-verre de vin blanc et la crème fraîche. Laisser encore 2 ou 3 minutes sur le feu, puis mélanger le tout avec le riz et servir.

Chow mein aux crevettes

Ce plat chinois est à base de pâtes. Les autres ingrédients, plus coûteux, sont utilisés en petites quantités : c'est donc un plat économique pour la cuisine de tous les jours. On peut faire les pousses de soja soi-même.
Préparation : 10 minutes
Cuisson : 10 minutes

Ingrédients :
250 g de nouilles chinoises moyennes
200 g de crevettes décortiquées
60 g de petits pois
2 tasses de pousses de soja

1 carotte
1 petit poivron rouge épépiné
2 c. à soupe de sauce de soja
1 c. à soupe de saké (alcool de riz) ou de xérès sec
Sel

Cuire les nouilles dans une grande casserole d'eau salée. Bien les égoutter. Faire chauffer dans une poêle (ou mieux dans un wok) un peu d'huile et y faire revenir quelques minutes la carotte coupée en petits dés. Ajouter le reste des légumes coupés finement, ainsi que la sauce de soja et le saké. Cuire encore quelques minutes. Les légumes doivent rester croquants et garder leur couleur. Incorporer les nouilles et les crevettes. Laisser cuire encore 2 minutes tout en remuant. Servir aussitôt.

Köfte

Ces boulettes de viande hachée sont très utilisées en Turquie et accompagnent de nombreux plats.
Préparation : 10 minutes
Cuisson : 10 minutes

Ingrédients :
400 g de viande hachée (de mouton de préférence)
1 bol de riz cuit
2 œufs
2 oignons
Chapelure
Sel, poivre

Mélanger la viande avec le riz, les oignons finement émincés, l'œuf, un peu de sel et de poivre. Faire des boulettes et les rouler dans de la chapelure mélangée avec un jaune d'œuf. Faire frire les boulettes ou les faire simplement dorer dans une poêle huilée.

Moussaka

Un classique de la cuisine turque.
Préparation : 10 minutes
Cuisson : 35 minutes

Ingrédients :
4 aubergines
400 g de viande hachée
2 oignons
2 tomates
Huile d'olive
Sel, poivre

Éplucher les aubergines et les couper en tranches. Les faire dorer dans une poêle huilée et les disposer dans un plat allant au four. Faire revenir les oignons émincés et la viande hachée. Ajouter les tomates coupées en morceaux, une pincée de poivre et une pincée de sel. Cuire 10 minutes sans couvrir. Verser le tout sur les aubergines, ajouter un peu d'eau et cuire 25 minutes au four.

Lasagne al forno

Cette recette est originaire de Bologne, mais on la fait maintenant dans toute l'Italie, avec plusieurs variantes. On peut par exemple remplacer la viande et la sauce tomate par de la béchamel et des légumes (petits pois) ou encore du saumon.

Préparation : 20 minutes
Cuisson : 1 heures 30

Ingrédients :
400 g de lasagne
300 g de mozzarella
100 g de parmesan
Sauce :
6 ou 7 tomates mûres
200 à 300 g de viande hachée
1/2 oignon
1 branche de céleri
1 carotte
Basilic
Sel, poivre

Préparer tout d'abord la sauce. Faire revenir l'oignon dans un peu d'huile. Ajouter la carotte coupée en rondelles, le céleri, le basilic et le poivre et laisser cuire pendant quelques minutes tout en remuant. Ajouter ensuite les tomates coupées en morceaux, la viande hachée, un demi-verre d'eau et le sel. Couvrir et laisser cuire à petit feu pendant une heure. Remuer de temps en temps en vérifiant qu'il y ait assez d'eau. Lorsque la sauce est cuite, la passer au mixeur ou au moulin à légumes.
Prendre une tôle, de préférence rectangulaire à bords suffisamment hauts pour pouvoir faire quelques couches de lasagne. Disposer une première couche de pâtes, puis une de mozzarella coupée en fines rondelles, et enfin une couche de sauce. Répéter l'opération deux ou trois fois. Recouvrir la dernière couche du parmesan râpé et cuire 1/2 heure à four chaud.

Lentilles au haddock

Préparation : 10 minutes
Cuisson : 20 minutes

Ingrédients :
200 g de lentilles vertes
4 filets de haddock
8 petits oignons grelots
1 branche de céleri
1 carotte
2 c. à soupe de crème fraîche
1 gousse d'ail
1 feuille de laurier
1 pincée de noix de muscade
2 branches d'aneth
Sel, poivre

Mettre les lentilles à cuire dans de l'eau froide. Une fois que l'eau bout, compter 5 minutes, puis ajouter l'ail et les oignons épluchés, ainsi que la carotte et le céleri coupés en petits morceaux. Saler et poivrer. Pendant ce temps, faire pocher les filets de haddock 15 minutes dans de l'eau avec le laurier et la noix de muscade. Égoutter les lentilles, les mélanger avec la crème et les mettre dans un plat. Disposer les filets de haddock sur le dessus et décorer avec l'aneth avant de servir.

Moulade

Préparation : 15 minutes
Cuisson : 30 minutes

Ingrédients :
1 kg de moules
2 verres de riz ou 8 pommes de terre

1 c. à soupe de fécule
Ail
Persil
Laurier
Thym
Curry (facultatif)
Sel

Préparer un bouillon parfumé avec un demi-litre d'eau, une gousse d'ail écrasée, du persil, du laurier, du thym et une pincée de sel. Faire bouillir doucement pendant 20 minutes environ. Mettre le riz à cuire dans deux fois son volume d'eau (ou les pommes de terre dans de l'eau salée avec une feuille de laurier). Pendant ce temps, laver et gratter les moules. Les jeter dans le bouillon à feu vif pour les faire ouvrir. Les sortir au fur et à mesure qu'elles s'ouvrent. Les garder dans un plat au chaud.
Filtrer le jus de cuisson des moules et le faire réduire avec une cuillère à café de curry. Délayer une cuillère de fécule dans un peu d'eau froide, l'ajouter au jus de cuisson en remuant pendant que la sauce s'épaissit. Servir aussitôt les moules avec le riz ou les pommes de terre, en nappant avec la sauce.

Morue à la portugaise

Préparation : 30 minutes
Cuisson : 45 minutes

Ingrédients :
300 g de morue sèche
4 pommes de terre
2 gros oignons
3 gousses d'ail

1 œuf cru + 1 œuf dur
1 verre de lait
1/2 verre de vin blanc
Clous de girofle
Huile d'olive
1/4 de citron
Piment doux
Persil
Laurier
Poivre vert en grains
Sel

Faire dessaler la morue pendant deux jours en changeant l'eau matin et soir. La mettre dans une casserole. La recouvrir d'eau froide et ajouter trois grains de poivre, deux feuilles de laurier, un oignon piqué de deux clous de girofle et un quart de citron. Ôter du feu dès que l'eau commence à bouillir. Garder au chaud 15 minutes.

Éplucher et couper les pommes de terre en rondelles. Les mettre dans une poêle avec de l'huile d'olive, le deuxième oignon haché et la morue émiettée. Faire revenir pendant 10 minutes environ. Ajouter ensuite le vin blanc (ou de l'eau), l'ail pilé, le persil finement haché, du laurier, une pointe de piment, une pincée de sel et de poivre. Laisser mijoter encore 10 minutes. Lorsque les pommes de terre sont cuites, verser la préparation dans un plat en terre, arroser d'un œuf battu avec le lait. Mouliner l'œuf dur sur le dessus pour la décoration. Couvrir d'une feuille de papier aluminium et passer 30 minutes au four.

Inzimino (morue aux légumes)

Cette recette originaire de toscane est très économique et permet d'utiliser les légumes verts qui restent ou que l'on ne sait pas comment utiliser.
Préparation : 20 minutes
Cuisson : 1 heure 30 à 2 heures

Ingrédients :
600 g de morue dessalée
3 poireaux
500 g d'épinards et/ou de blettes
1 petit chou noir ou autre
Piment
Sel, poivre

Laver et couper finement les poireaux. Les faire revenir dans une sauteuse avec un peu d'huile. Ajouter la morue coupée en petits morceaux. Faire cuire quelques minutes les blettes, les épinards et le chou dans de l'eau bouillante salée. Les égoutter et les ajouter à la morue, avec un peu de sel, de poivre et de piment. Ajouter un verre d'eau de cuisson des légumes. Couvrir et cuire 1 heure 30 à 2 heures à feu très doux. Remuer souvent et ajouter un peu d'eau de cuisson des légumes si nécessaire. On obtient une crème de morue aux légumes que l'on sert avec des croûtons.

Filets de morue frits

Préparation : 15 minutes
Cuisson : 10 minutes (+ 1 heure pour faire mariner la morue)

Ingrédients :
600 g de morue dessalée

Farine
2 citrons
Persil
Poivre
Huile d'olive

Couper la morue en petits filets. Mélanger 2 cuillères d'huile d'olive, le jus d'un citron, du persil finement haché et un peu de poivre. Faire mariner la morue dans ce mélange pendant une heure. Rouler ensuite les filets de morue dans la farine et les faire cuire dans une poêle huilée pendant une dizaine de minutes. Servir avec du citron.

Morue au four

Préparation : 10 minutes
Cuisson : 30 minutes

Ingrédients :
600 g de morue dessalée
1 bol de sauce tomate
1 gousse d'ail
Persil
Basilic
Poivre blanc
Huile d'olive

Couper la morue en petits morceaux, les mettre dans une casserole, les recouvrir d'eau froide et porter à l'ébullition. Les égoutter après 5 minutes de cuisson. Les disposer dans un plat allant au four, les recouvrir avec la sauce tomate, l'ail, le poivre blanc, le persil et le basilic finement hachés. Ajouter un peu d'huile d'olive et mettre 25 à 30 minutes à four moyen. Servir chaud.

Cabillaud au fenouil

Préparation : 20 minutes
Cuisson : 1 heure

Ingrédients :
4 tranches de cabillaud
4 bulbes de fenouil
4 tomates
1 gros oignon
15 g de beurre
1 gousse d'ail
Herbes (romarin, marjolaine, origan, sauge)
Sel, poivre

Ôter les feuilles extérieures du fenouil et laver les bulbes (conserver leur verdure). Les couper en deux, les blanchir 15 à 20 minutes dans de l'eau bouillante salée et les égoutter. Frotter une poêle avec la gousse d'ail et faire revenir l'oignon haché dans le beurre. Ajouter les tomates pelées et coupées en morceaux. Saler, poivrer. Laisser mijoter jusqu'à ce que le liquide se soit évaporé.
Disposer les tranches de cabillaud dans un plat allant au four légèrement beurré. Ajouter le fenouil, les tomates et les oignons. Couvrir avec une feuille d'aluminium. Cuire 25 minutes au four. Retirer l'aluminium, saupoudrer avec les herbes, remettre l'aluminium et cuire encore 15 minutes. Avant de servir, saupoudrer avec la verdure du fenouil hachée.

Curry de poisson

Recette d'origine créole.
Préparation : 10 minutes
Cuisson : 15 à 20 minutes

Ingrédients :
500 g de poisson (daurade, lotte, thon, roussette...)
3 tomates
2 oignons
1 gousse d'ail
1 noix de gingembre frais
1 petit piment doux
1 c. à café de curcuma
Un peu de farine
Tiges d'oignons verts (facultatif)
Thym
Huile
Sel

Nettoyer le poisson et le couper en morceaux. Piler l'ail avec le gingembre, le curcuma, le piment et le sel. Mettre dans une cocotte un peu d'huile, les oignons hachés, le mélange pilé et un peu de thym. Ajouter les tomates pelées et coupées en morceaux. Cuire 5 à 10 minutes à feu doux. Pendant ce temps, fariner le poisson et le faire revenir à la poêle. Ajouter le poisson aux oignons et aux épices et laisser mijoter une dizaine de minutes. Décorer avec des tiges d'oignons verts et servir accompagné de riz nature.

Filets de merlan à la crème de potiron

Préparation : 10 minutes
Cuisson : 20 minutes

Ingrédients :
4 filets de merlan
25 cl de crème fraîche liquide
400 g de potiron

1 gousse d'ail
Persil
Sel, poivre

Cuire le potiron à la vapeur 20 minutes environ, et le réduire en purée. Porter la crème fraîche à l'ébullition avec l'ail, le persil finement hachés, un peu de sel et de poivre. L'ajouter à la purée du potiron. Cuire les filets de merlan pendant quelques minutes. Mettre la purée de potiron dans un plat et disposer les filets de poisson dessus. Servir chaud.

Thon à la calabraise

Préparation : 15 minutes
Cuisson : 25 minutes

Ingrédients :
4 tranches de thon
4 anchois
1 oignon
1 bol de sauce tomate
1 gousse d'ail
Persil
Farine
Huile d'olive
Sel, poivre

Saupoudrer les tranches de thon de poivre et de sel, les rouler dans la farine et les faire cuire dans une poêle huilée, 5 minutes de chaque côté. Les retirer de la poêle. Verser dans la même poêle une cuillère d'huile d'olive, y faire revenir l'ail et l'oignon finement hachés, et ajouter au bout de quelques minutes du persil et les anchois préalablement écrasés au mortier.

Incorporer la sauce tomate. Cuire 15 minutes à feu modéré. Déposer les tranches de thon dans la sauce et laisser mijoter quelques minutes. Placer les tranches de thon dans un plat, les recouvrir de la sauce et ajouter un peu de persil sur le dessus.

Poulet tandoori

Préparation : 10 minutes
Cuisson : 30 minutes

Ingrédients :
600 g de poulet désossé
1 yaourt nature ou du lait de coco
1 cuillère à soupe de masala (épices indiennes en poudre que l'on trouve déjà préparées)
Piment
Sel

Couper le poulet en petits morceaux. Mélanger les épices avec le yaourt ou le lait de coco et ajouter un peu de piment et de sel. Mettre le poulet dans un plat allant au four et le mélanger avec la sauce. Cuire 30 minutes à four moyen. Servir avec du riz basmati au safran.

Il est préférable de préparer le poulet la veille ou quelques heures plus tôt, et de le mettre au frais avec la sauce pour que le poulet s'imprègne du goût des épices.

Irish Stew (ragoût irlandais)

Préparation : 20 minutes
Cuisson : 40 minutes

Ingrédients :
1 kg de pommes de terre

300 g d'agneau
Quelques échalotes ou un oignon
Laurier
Sel, poivre

Éplucher les pommes de terre et les couper en morceaux. Les mettre dans une cocotte et ajouter les échalotes émincées, puis la viande coupée en dés et une feuille de laurier. Saler, poivrer. Ajouter suffisamment d'eau pour recouvrir la viande. Couvrir et laisser mijoter 40 minutes environ (jusqu'à ce que la viande soit bien tendre et les pommes de terre un peu défaites). Servir avec une bonne salade et saupoudrer éventuellement de persil.

Agneau aux épices indiennes

Préparation : 15 minutes
Cuisson : 50 minutes

Ingrédients :
400 g d'épaule d'agneau désossée
1/2 oignon
1 cm de gingembre frais
2 gousses d'ail
1 c. à soupe d'amandes en poudre
1 dl de yaourt
Huile d'olive
Piment, curry, cardamone, cannelle, clous de girofle, cumin, noix de muscade
Sel

Mettre dans le mixeur deux cuillères à café de curry, le gingembre râpé, deux clous de girofle, un demi-bâton de cannelle, une pincée de cumin, une pincée

de noix de muscade, une pincée de cardamone, un peu de piment et une pincée de sel. Mixer le tout et mélanger les épices avec le yaourt et les amandes en poudre. Couper l'agneau et l'ajouter à la sauce.
Faire revenir l'oignon émincé et l'ail finement haché dans une poêle huilée. Incorporer la viande. Ajouter un demi-verre d'eau, couvrir et laisser cuire 50 minutes à petit feu, en remuant de temps en temps et en ajoutant un peu d'eau en cours de cuisson pour qu'il y ait suffisamment de sauce. Servir la viande accompagnée de sa sauce et de riz nature.

Gâteau de Java

Préparation : 20 minutes
Cuisson : 40 minutes

Ingrédients :
200 g de farine
100 g de sucre
6 bananes
2 œufs
1/2 verre de lait
1 c. à café de levure

Battre les œufs dans un saladier. Ajouter le sucre et continuer à battre. Verser le lait et remuer. Ajouter peu à peu la farine préalablement mélangée à la levure. Disposer dans un moule huilé les bananes épluchées et coupées en deux dans le sens de la longueur. Verser dessus la préparation et cuire 40 minutes à four chaud.

Compote de baies de sureau

Cette spécialité suisse est souvent servie en accompagnement du plat principal, en particulier de la polenta.
Préparation : 15 minutes
Cuisson : 25 minutes

Ingrédients :
500 g de baies de sureau
60 g de sucre
20 g de farine bise
1 dl de crème fraîche
1 dl de lait
1 c. à soupe de graisse végétale
Cannelle en poudre (si on utilise la compote comme dessert)

Laver les baies de sureau à l'eau fraîche. Les égoutter et les sécher. Les égrapper à l'aide d'une fourchette. Faire fondre la graisse végétale dans une grande casserole. Ajouter la farine et faire blanchir tout en remuant. Retirer la casserole du feu et incorporer la crème fraîche et le lait. Ajouter les baies de sureau et les trois quarts du sucre. Remettre sur le feu et laisser réduire pendant environ 20 minutes, jusqu'à obtention d'une mousse épaisse. En fin de cuisson, ajouter le reste du sucre et une pincée de cannelle. Servir chaud ou froid.

Compote de pommes à la châtaigne

Un dessert d'hiver dans les Cévennes.
Préparation : 15 minutes
Cuisson : 20 à 30 minutes

Ingrédients :
6 pommes
1 c. à soupe de farine de châtaigne
2 c. à soupe de sucre
1 clou de girofle
1 zeste de citron ou d'orange
Cannelle (facultatif)

Laver les pommes et les couper en quatre en gardant la peau et les pépins. Les mettre à cuire avec un verre d'eau, le clou de girofle et le zeste de citron ou d'orange. Couvrir et laisser cuire pendant 20 à 30 minutes. Lorsque les pommes sont transparentes, sucrer et ajouter la farine de châtaigne préalablement diluée dans quelques cuillères du jus de cuisson des pommes. Cuire 2 minutes en remuant, ajouter la cannelle et passer le tout au moulin à légumes.

Mousse à l'orange

Préparation : 15 minutes
Cuisson : 10 minutes

Ingrédients :
4 oranges
120 g de sucre
25 g de farine
3 œufs

Presser les oranges et râper le zeste de l'une d'elles. Mélanger dans une casserole la farine, 80 grammes de sucre, le jus des oranges, le zeste et les jaunes d'œufs. Amener à l'ébullition en remuant sans cesse avec une cuillère en bois. Laisser épaissir la crème jusqu'à ce qu'elle nappe la cuillère. La laisser refroidir en remuant plusieurs fois pour éviter la formation d'une peau.
Battre les blancs en neige ferme avec 40 grammes de sucre et les incorporer délicatement à la crème refroidie. Servir frais.

Variante : on peut remplacer les oranges par des pamplemousses.

Crème de kiwis et de bananes

Préparation : 15 minutes
Cuisson : 20 à 30 minutes

Ingrédients :
6 kiwis
3 bananes
100 g de sucre
20 cl de lait de soja
2 œufs
1/2 c. à café de caramel
Cannelle

Porter le lait à l'ébullition et laisser tiédir. Battre les œufs dans un saladier avec le sucre et la cannelle. Peler et mixer les kiwis et les bananes. Les verser dans le saladier et ajouter le lait tiède en remuant constamment. Couvrir les parois d'un moule à gâteau avec le caramel et y verser la préparation. Cuire 20 à 30 minutes au bain-marie dans un four préchauffé à 180°. Introduire la lame d'un couteau au centre de la crème pour vérifier qu'elle soit cuite : le couteau doit rester propre. Servir froid.

Gâteau aux fruits de saison

Ce gâteau d'origine italienne est excellent avec tous les fruits, et en particulier avec les pêches.
Préparation : 20 minutes
Cuisson : 30 minutes

Ingrédients :
Fruits au choix (frais, secs ou en conserve)
5 c. à soupe de farine
5 c. à soupe de beurre
8 c. à soupe de sucre

3 c. à soupe d'huile
2 c. à soupe de lait
2 œufs
1/2 sachet de levure
Sel

Disposer les fruits dans un moule à gâteau à petits bords (environ 28 centimètres de diamètre). Faire une pâte en mélangeant la farine, l'huile, le lait, la levure, un œuf, la moitié du sucre et une pincée de sel. Verser la pâte sur les fruits et cuire 15 minutes au four à 200°.
Pendant ce temps, faire fondre le beurre avec le reste du sucre. Ajouter hors du feu le deuxième œuf battu. Sortir le gâteau précuit et verser cette crème dessus. Remettre 15 minutes au four. Servir tiède ou froid.

Pontard auvergnat

Préparation : 10 minutes
Cuisson : 20 à 30 minutes

Ingrédients :
250 g de pruneaux ou 150 g de raisins secs
3 œufs
4 c. à soupe de farine
1 c. à soupe de sucre
1 verre de lait
Sucre vanillé
1 pincée de sel

Battre les œufs avec le sucre, le sel et le lait. Incorporer la farine et ajouter les fruits secs. Verser le tout dans un plat graissé et cuire 20 à 30 minutes à four chaud. La pâte se boursoufle en cuisant et retombe à la sortie du four. Il faut donc servir immédiatement en saupoudrant de sucre vanillé.

Compote à la rhubarbe et aux croûtons

Préparation : 20 minutes
Cuisson : 30 minutes

Ingrédients :
500 g de rhubarbe
3 c. à soupe de sucre
2 ou 3 tranches de pain
2 c. à soupe de graisse végétale
Cannelle en poudre

Peler et laver la rhubarbe. La couper en morceaux de 2,5 centimètres de long et la mettre dans une casserole avec un peu d'eau. Ajouter le sucre et laisser cuire jusqu'à ramollissement de la rhubarbe. Saupoudrer de cannelle. Couper les tranches de pain en dés. Les faire dorer dans la graisse végétale et les servir chauds sur la compote de rhubarbe.

Crumble aux fruits de l'été

Ce dessert d'origine anglaise permet d'utiliser tous les fruits et baies sauvages.
Préparation : 15 minutes
Cuisson : 20 minutes

Ingrédients :
300 g de fruits
100 g de farine
100 g de flocons d'avoine
100 g de sucre
2 c. à soupe d'huile

Cannelle
Sel

Mélanger la farine, les flocons, le sucre et une pincée de sel. Ajouter l'huile et travailler du bout des doigts pour obtenir un sable grossier. Éplucher les fruits et les disposer, entiers ou en dés pour les plus gros, dans un plat graissé. Ajouter la pâte et saupoudrer de cannelle. Cuire 20 minutes à four moyen. Servir tiède ou chaud, avec du fromage blanc ou de la crème fraîche.

Crème aux pêches

Préparation : 20 minutes

Ingrédients :
500 g de pêches épluchées ou en conserve
3 œufs
30 g de maïzena
1/2 l de lait
2 c. à soupe de sucre
Sel

Battre les jaunes d'œufs avec le sucre. Mélanger le lait tiède avec la maïzena et le verser dans le récipient avec les œufs. Bien mélanger et laisser refroidir. Monter les blancs en neige avec une pincée de sel et les incorporer délicatement à la préparation précédente. Couper les pêches en deux et les disposer dans des coupes. Napper de crème et servir frais.

Galette aux pommes

Préparation : 15 minutes
Cuisson : 20 minutes

Ingrédients :
Pâte :
100 g de farine
50 g de beurre
2 œufs
2 c. à soupe de sucre
1 verre d'eau tiède
Alcool (facultatif)
Garniture :
2 pommes à chair ferme
50 g de beurre
2 c. à soupe de gelée d'abricots

Préparer une pâte à crêpes avec seulement les jaunes d'œufs, puis ajouter les blancs battus en neige ferme et éventuellement un peu d'alcool. Éplucher les pommes et les couper en rondelles. Faire dorer les rondelles dans le beurre dans une grande poêle à fond épais. Verser la pâte dessus. Couvrir et laisser cuire 15 minutes à feu doux. Démouler en retournant sur un plat. Glacer la galette avec la gelée d'abricots. Servir froid ou chaud.

Pudding aux cerises

Préparation : 10 minutes
Cuisson : 45 minutes

Ingrédients :
Cerises à volonté
80 g de farine
60 g de beurre
2 œufs entiers
2 c. à soupe de sucre
1/4 l de lait

Faire une pâte liquide avec la farine, le beurre, les œufs, le sucre et le lait chaud. Tapisser le fond d'un plat avec les cerises non dénoyautées et verser la pâte dessus. Cuire 45 minutes au four à 180°.

Crumble à la rhubarbe

Préparation : 15 minutes
Cuisson : 30 minutes

Ingrédients :
6 tiges de rhubarbe
1 bol de crème de lait cuite (prélevée sur le lait bouilli)
1 bol de farine
1 petit bol de sucre
1 œuf (facultatif)

Préparer la pâte en mélangeant la farine, la moitié du sucre et la crème de lait. On obtient une pâte qui peut s'étaler au rouleau à patisserie. Laver la rhubarbe et la couper en tronçons de 3 centimètres. Les répartir dans un plat allant au four. Saupoudrer avec le reste du sucre et recouvrir avec la pâte. Dorer éventuellement avec un jaune d'œuf. Faire des croisillons sur le dessus et cuire 30 minutes à four moyen (th. 6). Le dessus doit être bien doré. Servir tiède ou froid.

Variante : on peut remplacer la rhubarbe par des pommes.

Crumble aux mûres

Préparation : 15 minutes
Cuisson : 30 à 40 minutes

Ingrédients :
1 grand saladier de mûres
2 poires
200 g de farine
80 g de matière grasse (beurre ou margarine)
60 g de sucre

Mélanger la farine et le sucre. Mettre la matière grasse au milieu et rouler entre les paumes des mains jusqu'à obtenir la consistance d'une semoule de couscous. Répartir les mûres et les poires coupées en morceaux dans un grand plat à gratin. Ajouter la pâte et cuire 30 à 40 minutes à four chaud (225°).

Variante : on peut remplacer les mûres par d'autres fruits, de préférence des fruits juteux. On peut aussi servir le crumble dans des coupes individuelles.

Pommes surprises

Préparation : 20 minutes
Cuisson : 30 minutes

Ingrédients :
4 pommes
8 abricots secs
100 g de raisins secs
100 g d'amandes râpées
4 c. à soupe de sucre (ou de miel)
1 œuf
Vanille ou cannelle
Sel

Ôter le « chapeau » des pommes et creuser dans chacune une cavité avec une cuillère. Enlever les pépins

mais récupérer la pulpe ainsi que celle du chapeau. Mettre dans chaque pomme deux abricots secs lavés et coupés en petits cubes et des raisins secs. Disposer les pommes dans un plat allant au four. Ajouter dans le fond du plat la pulpe et sur les pommes le reste des raisins.
Battre l'œuf avec le sucre, un peu de vanille ou de cannelle, une pincée de sel, trois cuillères à soupe d'eau et les amandes râpées. Le mélange doit être coulant : rajouter un peu d'eau si nécessaire. Répartir cette préparation sur les pommes et la pulpe, ajouter trois cuillères d'eau et cuire environ 30 minutes à four moyen (thermostat 6). Servir tiède ou froid.

Babka aux pommes

Un dessert ukrainien, original et délicieux
Préparation : 25 minutes
Cuisson : 30 minutes

Ingrédients :
500 g de pommes
3 œufs
3 c. à soupe de sucre
50 g de crème fraîche
2 c. à soupe de farine
15 g de beurre
Cannelle en poudre

Éplucher les pommes, en râper une moitié et couper l'autre en dés. Battre ensemble le sucre la crème et les jaunes d'œufs. Ajouter la cannelle, la farine, les pommes râpées et en dés, bien mélanger. À la fin, incorporer les blancs battus en neige. Mettre dans un moule beurré et cuire 30 minutes à feu doux.

Pudding de grand-mère

Préparation : 15 minutes
Cuisson : 30 minutes

Ingrédients :
500 g de pain rassis
1 tasse d'eau (ou de lait d'amandes)
50 g de margarine
100 g de sucre complet
200 g de raisins secs
200 g de fruits secs mélangés et coupés en morceaux (pruneaux, abricots secs, bananes séchées, etc.)
4 œufs
Vanille, fleur d'oranger ou zeste de citron

Faire tremper le pain coupé en morceaux, ajouter un peu d'eau si nécessaire, sans que le pain soit en bouillie. L'écraser, ajouter les œufs, la margarine ramollie, le sucre, les fruits secs et le parfum choisi. Bien mélanger le tout. Verser dans un moule graissé et cuire à four moyen (th. 5).
Pour obtenir un pudding caramélisé, il suffit de répartir au fond du plat 2 à 3 cuillères de sucre complet.

Pie aux pommes et aux raisins secs

Un dessert écossais.
Préparation : 30 minutes
Cuisson : 40 minutes

Ingrédients :
350 g de pâte brisée
4 pommes reinettes
100 g de raisins secs
100 g de sucre roux

Zeste d'orange et de citron
2 c. à soupe de jus de citron
2 pincées de cannelle, 1 pointe de gingembre
1 jaune d'œuf pour dorer

Peler les pommes et les râper grossièrement. Les mettre dans un saladier avec le jus de citron, les zestes, le sucre, les épices, les raisins et mélanger. Partager la pâte en deux morceaux, faire deux disques. Foncer un moule beurré avec le premier disque en le faisant déborder. Étaler sur cette pâte le mélange pommes-raisins-épices. Poser le deuxième disque de pâte, rabattre les bords et souder. Faire une cheminée au centre de la pâte. Décorer avec les chutes de pâte, dorer à l'œuf et au lait. Cuire 40 minutes à four moyen (th. 7) préalablement chauffé. Le dessus doit être bien doré. Servir dans le moule tiède ou froid.

Pudding aux figues

Préparation : 15 minutes
Cuisson : 45 minutes (+ quelques heures de trempage)

Ingrédients :
250 g de pain complet rassis
15 figues sèches
3 œufs
50 g de sucre complet
2 c. à soupe bombées de farine complète
2 c. à soupe d'eau de fleur d'oranger
37 cl de lait de soja ou 3 pots de yaourts
Quelques graines d'anis vert

Mettre les figues à tremper quelques heures avec les graines d'anis vert. Mettre le pain rassis à tremper dans l'eau. Mélanger dans un saladier le pain égoutté, les œufs, le sucre, la farine, l'eau de fleur d'oranger, les figues coupées en petits morceaux et le lait de soja. Verser la préparation obtenue dans un moule à cake ou à manqué graissé, et cuire 45 à 50 minutes à four chaud, préalablement préchauffé.

Tarte renversée aux poires caramélisées

Préparation : 20 minutes
Cuisson : 40 minutes

Ingrédients :
Pâte brisée
1 kg de poires
75 g de sucre roux
75 g de beurre ou de margarine

Étaler la pâte brisée. Éplucher les poires et les couper en huit. On peut citronner les quartiers pour éviter qu'ils noircissent. Saupoudrer le fond du moule à tarte avec le sucre, parsemer de petits morceaux de beurre puis disposer les quartiers de poires. Étaler ensuite la pâte sur les poires, la rentrer tout autour à l'intérieur du moule. Pratiquer une petite cheminée au milieu de la tarte. Cuire 15 minutes à four chaud, puis 25 minutes à four moyen. Dès la sortie du four, retourner la tarte sur le plat de service.

Castagnaccio

Préparation : 10 minutes
Cuisson : 30 minutes

Ingrédients :
200 g de farine de châtaignes

2 c. à soupe d'huile d'olive
3 c. à soupe de pignons
1 branche de romarin
Sel

Délayer la farine de châtaignes avec l'huile, le sel et la quantité d'eau nécessaire pour obtenir une pâte assez liquide et sans grumeaux. Verser dans une tourtière huilée sur une épaisseur d'environ 2 centimètres. Répartir les pignons et les feuilles de romarin sur la surface. Cuire 30 minutes à four chaud. Vérifier que le castagnaccio est cuit en piquant un couteau, qui doit rester sec. Le castagnaccio se mange chaud ou froid.

Tarte au sureau et au fromage blanc

Préparation : 30 minutes
Cuisson : 30 minutes

Ingrédients :
300 g de pâte brisée
1 bol de baies de sureau bien mûres
400 g de fromage blanc
2 œufs
2 c. à soupe de sucre roux
1 tasse à café de crème froide (facultatif)

Garnir avec la pâte un moule graissé. Battre les œufs en omelette, ajouter le fromage blanc et éventuellement la crème fraîche, les baies de sureau, le sucre. Garnir la tarte avec ce mélange. Saupoudrer de sucre roux (facultatif). Cuire 30 à 35 minutes à four chaud. Cette tarte se mange chaude ou froide. Pour avoir des baies de sureau toute l'année, remplir des bocaux en tassant bien, et les stériliser 10 minutes au naturel (sans sucre).

INDEX PAR INGRÉDIENT PRINCIPAL

Index alphabétique

Desserts

LOUIS-JEAN
avenue d'Embrun, 05003 GAP cedex
Tél. : 04.92.53.17.00
Dépôt légal : 999 — Décembre 1997
Imprimé en France